U0879754

日本世相

[日]斋藤茂男 著
张叶秋晓 译

何谓教育

黑暗中的光明

浙江人民出版社

图书在版编目（CIP）数据

何谓教育：黑暗中的光明 /（日）斋藤茂男著；张叶秋晓译. —杭州：浙江人民出版社，2022.8

ISBN 978-7-213-10592-0

Ⅰ. ①何… Ⅱ. ①斋… ②张… Ⅲ. ①教育研究-日本 Ⅳ. ①G531.3

中国版本图书馆CIP数据核字(2022)第074428号

何谓教育——黑暗中的光明

[日]斋藤茂男 著 张叶秋晓 译

出版发行：浙江人民出版社（杭州市体育场路347号 邮编 310006）
市场部电话：(0571)85061682 85176516
责任编辑：周思逸
特约编辑：AOI
营销编辑：陈雯怡 陈芊如
责任校对：姚建国
责任印务：刘彭年
封面设计：厉 琳
电脑制版：杭州兴邦电子印务有限公司
印 刷：浙江海虹彩色印务有限公司
开 本：880毫米×1230毫米 1/32 印 张：8.125
字 数：181千字
版 次：2022年8月第1版 印 次：2022年8月第1次印刷
书 号：ISBN 978-7-213-10592-0
定 价：48.00元

关于《日本世相》

这套《日本世相》一共十二册，是纪实文学作品。二十世纪七十年代到九十年代间，我采访过很多普通人，记录下他们的生活实景和心理状态，于是有了这些“日本世相”的点滴。

当时想采访的主题很广，主要包括在经济高速增长的背景下，工厂与工人、学校与孩子之间的矛盾，夫妻之间的纠葛，家庭关系的破裂，以及两性关系、衰老、残障儿、生命……采访对象也形形色色，乍一看，似乎完全没有头绪。

原本我没想好是随性而为还是当正式工作去做，只是偶然观察到一些社会现象，嗅到了“时代表情”的气息，于是顺着这个主题去取材，竟发现了从未察觉的全新领域。我被深深吸引了，像是有神的启示，让我睁开好奇的双眼。我这才找到着力点，开始深入挖掘“初心”。虽然最初的题材有些虎头蛇尾，但在此范围里，我找到新目标，一边采访一边发现了更多新内容……

这种随性的摸索，最终带来了这套纪实文学作品。

话虽如此，但其实我自己也有一直想做的课题——“资本主义与人类的关系”。这个课题像低音回旋般，一直在心中回荡。大环境下，我们眼前一片繁荣，但只要稍微切换舞台，就能看到各类被异化的群体，他们深受各种打击。所有人都陷入一个巨大装置，努力把时间变为金钱，被强迫着，要更快、更有效率地活着，哪怕超越了身体极限，也不能浪费一分一秒。这种节奏让我们无法按照自然时间生活，过有生命力的生活。我们只觉得身心俱疲，不断被压榨着。外部世界看似华丽，内部却可怕地快速运转着，不断地把人卷入其中。不知所措的焦虑、充斥于心的空虚……终于有一天，忍不住爆发出来：我们究竟在干什么！然而，也只是那么一瞬间而已，转眼工作来了，我们像自动切换模式的机器，迅速回到现实，按照既定方式，扮演既定角色。如果这就是现实，那日本的资本主义究竟是什么，即便它带来了第二次世界大战后的社会繁荣——这是我的思考，我想亲自找到答案。

这套《日本世相》，每册的主题不同，但有一个共同的出发点和采访动机，那就是我想要挖掘出“桎梏的结构”。而且，从一个主题到另一个主题，采访过程也前后呼应。这十二本书相互关联，可以视为一个整体。

借这次整理的契机，我把之前零碎的内容整合起来，就像把散乱的石子排列整齐那样。但如何叙述采访对象经历的时代碎片，如何表达当下的现状，如何描述今后的发展，我依然在不断思考。我想从这些角度捕捉我观察到的整个时代的意义。幸运的是，我有得力的同行者，上野千鹤子女士、镰田慧先生、岸本重陈先生、汐见稔幸先生等，他们都在用自己独特的方式挖掘社会的本质，和我一道完成这一工程。在这套共同完成的“作品”里，日本世纪末的景象会是何种模样呢？

斋藤茂男

一九九三年秋

目　录

V　游戏玩家

Ⅵ 为了成为人

Ⅳ

苦难的岁月

三十年前的八月十五日，你在做着什么？

那是一个和今天一样炎热的夏日。在那个夏日里，每一位日本人都经历着由虚脱、悲伤、解放感混合而成的奇妙情绪。在这超过半数的日本人都已经没有战争记忆的当下，想要和当时的情绪产生共鸣，大概算是人们常说的“时代错误”吧。

但若真是如此，我们才更需要重现当时在一片废墟中人们所渴求的、勾画的“未来”，验证其与今日现实间的落差。

为此，我们决定拜访包括战前派、战后派在内的几位老教师，跟着他们一起重新回忆他们所走过的路，并在此基础上梳理出教育的基石——一切都是为了能让人们重新思考二战后第三十一年的教育将何去何从。

（采访时间：一九七五年七月十八日）

一　战争十五年的阴影　一

在贫困的深渊中挣扎

神似配角的他　最开始，我们四处寻访着能成为采访对象的教师。

一位中年教师告诉我们："盛冈的六太郎老师或许可以。可以采访他从战争时期开始直至今日的人生。嗯嗯，这个好……"

当我们随口向其他人问起"六太郎老师"时，对方竟也马上说"他可厉害了"。于是，我们拨通了六太郎老师的电话。

"哎呀哎呀，你们还得专门赶来多麻烦呀，我也没什么了不起的事情可以谈啊。行，行。"

那是一个炎热的下午，六太郎老师骑着他的轻型摩托来到了我们在盛冈市内的约定地点。

头戴安全帽，一身西装，车后的行李架上固定着他那磨损了的旧包，六太郎老师大汗淋漓地出现在我们的面前。

日本有一位叫西村晃的电影演员，是有名的电影配角，最擅长扮演那些妓院里物欲横流的老板、执拗的贫穷手工艺人以及市侩的小市民。如果抽出西村晃那股阴暗劲儿，再让他老一些，这和六太郎老师的形象就十分接近了。六太郎老师的眼睛很大，像是能看透世间万物，却丝毫不让人觉得藏着阴险，反倒有一种饱经风霜的温柔。

悲惨时代 吉田六太郎，五十九岁，盛冈市立上田小学校长。

他出身于盛冈市南部岩手县紫波郡见前村（现在的都南村）的一户穷苦农民家庭。幼时的他经常会拉着一车蔬菜去盛冈贩卖。

“我们家祖祖辈辈都是贫穷的小老百姓。从小父亲就告诉我们，一心一意地为地主卖命就是我们唯一的生路。收成不好的时候，我们请求地主能不能少收点地租，却总是被要求要送更多过去，也反抗不了。回到家里，一家人只能围在火炉边掉眼泪。父亲一边用火钳搅着灰，一边告诉我们，没办法啊，我们只有这样才能活下去啊。”

夹在奥羽山脉和北上山地①两大群山间的岩手县各村总是时不时地经历严重的农作物歉收。六太郎上小学的时期正处于昭和初期，那时候正好赶上一战后的大萧条，大街上到处都是找不到工作的人，城市人口的回流使得农村生活雪上加霜。

来自当时日本殖民地朝鲜和台湾地区的进口便宜大米，因美国经济衰退而引起的蚕茧价格暴跌，这些都将当时的农民们推向了饿死的边缘。“岩手婴幼儿死亡率高达30%”“饥饿儿童剧增”——翻开当时的报纸，随处可见这样的新闻标题。女孩们被迫卖身来养活父母与兄弟姐妹，那是一个苦不堪言的时代。

① 又称“北上高地”。日本本州北部的山地，在奥羽山地的东部。纵贯青森、岩手、宫城三县。——本书注释均为编者注

“死范”学校　“那时候，能进师范学校的都是认真的、学习好的穷人家的孩子。为什么呢？因为师范学校不仅不收学费，还会给学生发拉舍尔毛制的衣服、裤子和鞋子。学校实行全寄宿制，伙食费、住宿费统统不需要，这些条件对穷人家的孩子来说都是很有吸引力的，而且毕业后还能当老师。”

那时候，相比从天蒙蒙亮开始就一直要劳作到深夜的农民生活，能穿拉舍尔毛制衣服、有饭吃的军队生活可要轻松多了。

将学生培养成“心地善良”“信人爱人”“德行高尚”的人，让为天皇国家奉献一切的“服从”精神渗透到每一个日本人的心中——这便是当时日本的师范学校肩负的特殊使命。

年少的六太郎在入学时就被教育“师范学校就是‘死范’学校”“教师的一言一行是所有人的范本，其终极意义便是死之模范”。

之后不久，学校便成了和军队一样戒律森严的地方，人们甚至说：“陆军士官学校、海军兵学校、师范学校是三大培养战争机器的地方。”

六太郎入学那年的秋天，九一八事变爆发。十五年战争的齿轮也由此开始转动。就在这一时期，一桩对于岩手师范的学生来说一生难忘的“事件”发生了。

“皇国教育”的脚步声

破型　六太郎入学时，岩手师范里有一位“不守规矩”的老师。他便是教授教育学课程同时身兼宿管职位的千喜良英之助老师（已故）。

在当时军事化管理氛围日渐浓厚的校园里，千喜良老师可以说是为学校带来了阵阵新风。

由于当时的学生大多出身于贫农家庭，总是接连不断地有人身患心肺疾病，他先是买下了十万平方米的农地，开始自己供应粮食，紧接着便新建了食堂、茶室，还破天荒地为清一色都是男生的宿舍招来了女宿管。他还开设保健室，请来护士，甚至让大家坐车去医院看病。此外，他还允许学生们使用大型电动洗衣机，让大家都能把自己收拾得干干净净的。学校之前设有门禁，但千喜良老师认为，为人师、无信任、不教育，于是便废除了门禁。

“老师那时候经常喝了酒后，在晚自修时间来到我们学生宿舍，说：‘你们肯定没在学习。’于是，我们就经常一起搞宿舍节的活动。所有学生都很崇拜他。”六太郎老师说道。

据当时最高年级（五年级）的级长、后来担任了盛冈市教育长[①]的中村圭六说，千喜良老师从来不会在课堂上对学生说“这个你看书就知道了”。相反，他自己翻译了约翰·杜威的《教育学概论》，给学生讲授时也总是结合具体案例。“他引用的例子总是特别贴切，一下子就抓住了学生们的注意力。”

血印请愿书　但是，这一自由主义式的教育终究还是被信奉“皇国史观”[②]的县知事以及心怀不轨的学务课长给埋葬了。一九三二年的夏天，上面决定将千喜良老师派往冲绳。

---

① 指日本地方教育行政长官，分都道府县教育长和市町村教育长两级。

② 源于“唯神论”，即一切以天皇为中心的观念。

消息一传开，都已经放暑假回家的全校学生立马赶回了学校。大家召开了学生大会，决议发起留任请愿运动。一夜之间，请愿书上就盖满了全校学生的血印。因不满校长、知事的回答，学生们还选出了代表，由他们去文部省直接上访。

当时有八名学生被选为代表，其中就包括中村级长。由于车站里早已布满了县里的官员和便衣警察，八名学生换上了和服，藏在货舱与客舱之间，悄悄地前往东京。但是，东京上野站也早就被校长等人布下了眼线，上访文部省的行动最终还是失败了。

决心与县政府对抗到底的学生们一度聚集在学校的后山，誓不服从，最后还是千喜良老师亲自出面劝说，整件事才得以收场。紧接着的一天晚上，整个宿舍的同学为千喜良老师办了送别宴。六太郎老师回忆道。

“当时整个宿舍区有四幢宿舍楼，每一幢楼的代表都站起来致送别词。每个人都泣不成声。虽然学校禁止大家喝酒，但那天大家都喝了。南部牛方节《追马谣》[①]，一首一首地接着唱。”

恩师出发的那天早上，学生们被禁止进入盛冈车站。

“我们呀，就去铁轨边目送老师。从车站一直到雫石川铁桥附近的整条铁路沿线，都是我们的人，大家都哭着喊着‘把老师还给我们’。”

暗转 早在那时，日本东北一带有志的教师群体中就出现了教育运动的火苗——目睹着如此多穷困潦倒的农民家的孩子，他们高举“北方教育”的旗帜，通过生活作文[②]让孩子们直面现实，

① 即《南部牛追呗》，是起源于日本岩手县赶牛人的民谣。

② 一种关注生活与地区现状的作文。

即让学生们观察生活，并用自己的语言表达感受，并努力培养他们批判、破局的能力。

与此同时，试图扑灭这一火焰的势头也在不断壮大。年少的六太郎在岩手师范里也目睹了不少学生被带走的景象。每当这种时候，千喜良老师都会悄悄和警察们交涉，将学生们保释出来。“将这样一位好老师调走的势力，我们没理由不反抗它。”

千喜良老师离开很久之后，不知道是谁在宿舍的墙壁上贴了这样一张檄文：

……距恩师离开已经过了多个春秋，可他留下的记忆却令人久久无法忘怀。当年岩手师范四百个因反对模仿西方衣着精致的风潮而衣冠不整的男生在人前流下了眼泪，可如今，恩师留下的赤诚之心是否正逐渐被大家忘却了呢？

以千喜良老师的下放事件为界，整个时代正以急促的脚步暗转。国家主义的思潮开始席卷整个教室与宿舍。

耻于屈从，离开教职

油印本[1]教师　千喜良老师的留任运动令当时就读于岩手师范的六太郎感慨万千。那时，还有另一位学生也是每日都想念千

① 指一种由印刷机印刷出来的书籍。所谓油印，就是将蜡纸覆于钢板上，用铁笔在上面刻字，然后再滚上油墨印刷。

喜良老师，立志要成为千喜良老师那样的教师。他便是比六太郎大一级的斋藤利雄。

当时，师范学校的学生在毕业后要作为短期现役兵服五个月的兵役。五个月后，大家便能升为下士，由此免除兵役。斋藤于一九三五年春天加入了弘前①的步兵三一联队，九月服完兵役后便去了岩手县紫波郡见前村（当时名称）的见前小学当老师。第二年，结束弘前军队生活的六太郎也来到了同一所小学。

六太郎老师第一次站上讲台的那一年，日本的大城市里正流行着《勿忘我》《啊，尽管如此》等抒情歌曲。寻常老百姓的幸福如风中蜡烛般闪烁。但就算是这样微小的幸福，最终也在皇道派青年军官发动的“二二六”事件②以及第二年爆发的日本侵华战争中消失了。

两位青年教师在国家制定的教学指导纲要下，全身心地投入那仅存一点点自由的写作教育之中，让饥饿的少年儿童将农村生活的现实写进诗歌与作文，借此帮助他们直面真实的世界。学生们写完后，两位老师会一直忙碌到深夜，为这些诗歌与作文制作油印本，在此基础上制作《青空》《对话》两本文集。

贫困伙伴　在两人教五年级的那一年，斋藤的班上来了一个从横滨转校来的男孩。据说这孩子的母亲因为醉酒杀害了自己的丈夫，孩子也因此成了孤儿，这才被送到了父亲的老家见前村来。

---

① 青森县西部城市。

② 指一九三六年二月二十六日发生的一次失败兵变，是日本近代史上最大的一次叛乱行动，也是二十世纪三十年代日本法西斯主义发展的重要事件。

“那孩子叫金藏，他爷爷家也是那种有上顿没下顿的农民家庭，所以转学来没多久他就被送到了裁缝店做学徒，不来学校了。我觉得，不管多穷的孩子，都必须让他接受义务教育。但当时的校长也好，村里管事的也好，警察也好，没有一个人站在我这边。

“转眼就到了六年级修学旅行的日子。你猜怎么着，班上的孩子们自发地说，要带金藏一起去旅行。每天放学，孩子们就去田里捉泥鳅，然后拿到街上去卖，用这种方式一点点地攒钱。

“有一天，孩子们对我说：‘老师，我们应该让金藏一起去。您能不能把这些钱给裁缝铺的叔叔，让他同意金藏和我们一起去?’ ”

虽说是修学旅行，其实也只是去岩手县北边城镇的一日游。但那天，看到金藏高兴的样子，老师哭了：

“那次我真的是被孩子们教育了。还是身边的人最懂事啊。人啊，地位越高，就越看不见真相了……”

我们一行也因此去拜访了当时的学生。其中一位现在是东京一家大型建筑公司里的课长。说话的时候，他的眼里闪烁着光芒：

“哦哦，金藏呀，当然记得。个子小小的，方言又和我们不一样，刚开始大家总是欺负他。有一次他没带饭来学校，我母亲正好为我多准备了，我就分了一些给他。大家后来对他态度的转变，应该就是被他写的诗给感动了。”

我们也试图寻找了金藏，但并无结果。

屈从的每一天 那时候，斋藤老师正在和学校里的一位女老师谈恋爱，还为此和禁止职场恋情的主任吵了一架。结果，斋藤老师和那位女老师因此被调到了不同的学校。

“他一直把我看作共产党人，正好借机除掉我。”斋藤老师说道。当时，通过生活写作与学生产生联系的教师都被视为共产党人。一九四〇年，许多教师因违反了《治安维持法》[①]而被当场带走。

斋藤老师前往的新学校坐落于北上山系山麓地区的一个小山村。村里有许多基督教徒。

哪怕到了现在，村里还保留着读作“圣母寺”的真龙寺屋号、姓氏三佐以及架着十字架的墓穴。在这里，斋藤老师依旧是勤勤恳恳地教那些穷人家的孩子们写作文。

但即便是这样一种努力，最终也被吞噬在黑暗的怒涛之中。自斋藤老师调到盛冈市内的小学起，孩子们以及百姓们就天天被拉着参与防空演习。然后，战败的夏天到来了。

“听了那一天的广播，我觉得整个人都失去了力气。自己就像是一个战败犯，送去预科练[②]的孩子们死在了战场上。周围的同事里有的说要为了将‘民主主义’贯彻到底从头再来。但我当时想的是，不管怎么样都得把老师这份工作辞了，放过我吧。”

将六年级毕业生送出校门的一九四六年，斋藤老师也走出了校门。

此后，斋藤老师一直就职于日本国有铁道，退休后在盛冈市

---

① 于一九二五年制定，是日本二战前最严厉的一项治安立法。其中规定禁止“变更国体及否认私有财产制度”的结社和运动，违者处十年以下徒刑，以压制一切反体制运动。一九四五年被废止。

② 旧时日本海军飞行预科练习生的简称。

内的家中安安静静地过着自己的日子。当他谈起当时的学生们，谈起那些屈从的日子时，我们总觉得他的眼睛是湿润的。

一 悔 恨 一

女教师的悲欢

光脚 一九三八年末，六太郎所在的岩手县紫波郡的见前小学迎来了一位未来的女教师。她是松田察（当时叫菅野察），十九岁，作为岩手女子师范的五年级学生来参加农村教育实习。

松田察第一次在学校里见到六太郎时吓了一跳。一身黑衣的六太郎老师在隆冬里竟光着脚走路。不过，更让松田印象深刻的还是六太郎老师上的课。

那一年，陆军大将荒木贞夫已经当上了文部省大臣。所有学校都收到了文部省寄来的《国体本义》一书，天皇制军国主义教育正在日本全国上下如火如荼地展开。而就在这“向右转、向右看齐”式的集体教育被奉为教育上策之时，六太郎老师班里的孩子们却显得无拘无束、悠然自得。

“比如，六太郎老师会让孩子们在课上唱他们喜欢的歌，他弹琴伴奏，然后让整个年级的孩子们一起就歌词内容展开自由讨论。再比如，他会让学生们读他们自己写的作文，孩子们竟能若无其事地在作文里写老师的坏话。这一切还都是在当时那样严峻的形势下。后来我明白了，六太郎老师认为不能压迫孩子们的心灵，认为孩子们最自然的样子就是最好的，不想让他们成为所谓‘成体统’的学生。六太郎老师的教育可以说是尊重着每一个孩子每一颗的心。他自己光脚走路也是一样，并不是没有钱，而是反映了尊重自然状态的一种心境。”

“神之国”　松田当时在六太郎老师的班上实习，可只从他那争取到了体操和音乐两节课的时间。由此也可见六太郎老师真的是十分珍惜教孩子们的每一节课。一周之后，松田的教育实习结束。离开校门的那一天，六太郎老师把一本足足有三厘米厚的《教育实践记录》借给了她。

那是六太郎老师作为教育实习生时的笔记，笔记里满满都是对课堂认真的观察。松田手不释卷地读完了。

“虽然教育实习只有一周，但和六太郎老师的相遇以及他借我的那本笔记决定了我今后三十多年教师生涯的态度——不要站在讲台上，要到学生中去。”

第二年春天，松田开启了她在岩手县气仙郡世田米小学的教师生活。那是一个贫困的山村。当时的女教师们不仅得为吃不上饭的孩子们准备便当，还得担任学校的保健师。当时规定女教师在毕业前要考出准护士的资格证（她们为此几乎没有休息日可言），保健师经验有助于取得该资格。家访发现孩子们没有衣服穿，女教师们有时还会从自己家里拿一些旧衣服送过去。

一九四一年春天，各国立学校在新学期收到了国家教科书第五期的修订版。写着“日本是一个好国家，纯洁的国家，全世界唯一一个神之国家”的教科书被送到了孩子们的手里。当时的教学指导纲要还明确规定教师在课堂最开始的两分钟、中间的四分钟、最后的三分钟分别要讲这个那个，稍不遵守就会被巡视的校长及视学官提醒。

非国民 在当时的情况下，教师们能自由教学的只剩作文课了。因此，松田便让孩子们大量地写作文。有一天，她让孩子们写一篇题为《送兵出征的早晨》的作文。这些作文最后会被装进袋里送给出征的军人们。读到其中一名学生的父亲也将奔赴战场时，松田便在那名学生作文的最后写下了“希望你的爸爸能好好回来”。

结果没多久，她就被校长和视学官叫了去：“你那个年级放在慰问袋里的作文非常不合适。你算什么日本国民！”由此，她还被迫写了反省书：“今后一定会努力教导学生具有为战斗献出生命的决心。”

“那天晚上在值班室，我一边哭一边试图反抗，最终还是被迫在他们写好的内容上签了字。可能是因为我在办公室和其他老师说的话被他们知道了吧——‘不管如何呼唤陛下万岁，看着眼前这些被生活压得无法喘息的孩子们，我真的说不出“你爸爸如果能在战争中光荣死去就好了”这种话。’”

战争结束后，松田再次和六太郎老师成了同事，在盛冈市内的小学任教了一段时间。再之后，她去当了中学老师。当时她教的四十六名学生中，有五名（有男有女）在今年成了老师。我们分别问了这五名学生从松田老师那里“接过了什么样的棒”。他们给出了一个共同的答案：“学习好的孩子和学习不好的孩子没什么区别，要把他们每一个人当作宝贝珍惜。”

现在，松田老师已经五十五岁了。她成了一名家庭主妇，住在盛冈市内的一所中学前，每天听着孩子们的嬉戏声生活着。我们见到她的那一天，她兴奋地告诉我们：“明天我要去参加当年教过的孩子们的同学会。”

回不来的学生们

战争 宣布战败的《终战诏书》[①]播出的那个炎热夏日，盛冈市仁王国民学校（当时名称）的老师们一大早就被紧急叫到了校长室，其中也包括六太郎老师。距在见前小学任教时已经过了九年多，当时的他已经二十九岁了。

“听到广播的那一瞬间，怎么说呢，整个人就陷入了一种虚脱的状态，然后眼泪哗哗地流。有的老师互相握着手，哭着说这以后可怎么办，有的老师一个人默默啜泣……”六太郎老师回忆道。对他来说，当时的眼泪传递了一种什么样的情绪呢？“就是很不甘心，特别不甘心。”那天晚上，在同事借宿的学校附近房间里，六太郎和其他几个老师喝着烧酒聊到了深夜。当晚的他也是充满了自责：“是不是因为我们贡献的力量太小了？”

即使是六太郎这样的老师，这样一位在国家严格管制教育的情况下还能尊重每一个孩子的个性，全身心地陪伴孩子成长的老师，最终也在日渐严峻的战争中成了一位不折不扣的“战争协力者”。

在见前村任教时，面对着日本东北地区的贫困农民，他开始意识到，要想改善农民的生活，就必须和农民们一起行动起来。村

① 指由日本昭和天皇亲自宣读并录音的《终战诏书》。这是天皇的声音首次向公众播出，该诏书的广播又被称为“玉音放送”。

常会、部落常会、农事讲习会，他凭着一股年轻劲儿四处奔走，积极地和村民们探讨如何改善农业经营，探讨农村生活的方方面面。

对于青年时代的六太郎来说，扩大教育规模，从国家发展、民族未来的角度来教育贫困农民是教师的职责。但在军国主义的影响下，后来他的想法发生了巨大的变化："我们必须打赢这场仗。只有战争胜利了，和日本一样饱受折磨的东亚各民族才能迎来幸福的日子。"

松阴与贤治　也是在这个时候，六太郎迷上了吉田松阴[①]与宫泽贤治[②]。他在自己家里办起了"神民塾"，召集村里的青年男女来参加，为他们讲解松阴与贤志的著作，还在村里建起了松阴碑。

"松阴对松下村塾里孩子们的爱、对乡土的爱，终其一生为他人奉献的品格，贤治对农民们无限的爱——我想将这些传递给年轻人们。"六太郎说道。

一九四四年，六太郎在他的母校岩手师范开了一场有关松阴的讲座。

为了多一些时间和学生们相处，六太郎甚至住进了学校，他也还是会为了印制文章而制作油印板。这是一位满心都希望孩子们幸福的教师，一位不知不觉沉溺于战争中的教师。

"那时候，松阴也好，贤治也好，战争也好，都在我心中共存着，毫无矛盾。连贤治说的'在全世界都实现幸福之前是不可能有个人幸福的'这句话也被我当成了呼唤'战争协力'的弹

---

① 吉田松阴（一八三〇至一八五九），日本江户幕府末期思想家、教育家，明治维新的精神领袖及理论奠基者。

② 宫泽贤治（一八九六至一九三三），日本昭和初期诗人、童话作家、教育家，著有《银河铁道之夜》。

篑。那时候的视野可真狭隘啊。哎，太丢人了，还是不说了吧。”六太郎老师咬紧了嘴唇。

一旦有危急情况 相比这些，对于六太郎老师来说，最令他难受的还是那些他教的孩子们。从学校高等科被送往战场的正夫、作藏还有松治，这些学生都是在他的鼓励下参与了“满蒙开拓团少年义勇军”。送站那天他对他们说“这是你们最高的荣誉”。那些孩子最终都没能再回到这片土地。“我究竟怎么做才能补偿他们呢?”

岩手各个村庄刮起秋风的时候，沉重的“八一五”战败体验开始在六太郎的脑海里挥之不去。

> 在那样一种天皇绝对主义的体制下，父母们能为孩子们受的教育说上什么呢？教育不就只是一种彻底的义务、一种强制、一种命令吗？在“一旦有危急情况，定当为国挺身而出”的终极目的下，父母们、孩子们不都失去了表达的权利？以天皇的名义命令基于谎言教科书的谎言教育，由我这样的谎言老师若无其事地来施行……如果校长们能认真一点，“八一五”战败体验就不会在战后的实践中被忘记。因为我们在战后所走的每一步，都是以此为原点。

六太郎老师在最近的小学校长会的机关志中写道。

因停止办学而落幕的圣职生活

停止办学 从日本东北本线的花卷站换乘釜石线，再搭乘四五分钟，就能到达宫守站。出站后，我们坐上了站前唯一一辆正在等待载客的出租车。

“哈，原来你们是要去见田濑小学的校长呀。他说话总是有些过头，但是个好校长。”

一行人抵达岩手县和贺郡东和町的田濑。田濑小学位于小仓（田濑的行政区划之一）部落，校长小野寺时美（六十岁）曾经是六太郎老师的同事，当时他们就是一起在盛冈市内的仁王国民学校里迎来了日本战败的消息。提起小野寺校长，六太郎老师说：“他和我一样，战时有很强的战争意识，战后很难适应新的教育模式，吃了很多苦头。”继续往前走便能看见田濑大坝，水库的边缘地区在阳光下反射着白光，据说约有八千米长。附近村民们的房子星星点点。

“看，就是那边。哦，他在呢，就是那个。”

小小的木制校舍建在半山腰。老人站在玄关处向我们挥着手，运动T恤，短裤，光脚穿着夹脚拖鞋。

他将我们带到了教师办公室——一间由教室分出一半的小房间。田濑小学共有包括校长在内的五位老师及来自学区内六十三户人家的二十一名学生。操场的那边是一片勾勒出舒缓弧度的大草原，近处则是群山青翠欲滴。扑面而来的知了声中偶尔还夹杂着蝉鸣。

虽说是暑假期间，但今天所有老师都在办公室里，看起来还很忙碌。办公桌上堆满了文件和书籍，相比之下，书架则显得空空荡荡。问了问，原来是学校要停办了，大家正在整理文件。就在两年前，田濑小学还在庆祝百年校庆，可随着农村人口的锐减，明年三月这所学校就得和隔壁的大野小学合并了，一百零二年的历史将由此落幕。

纯朴　小野寺校长自就任以来一直坚持出版《学校通讯》。每月三次，由他本人亲手刻制油印版。

以“有熊出没，请注意。六月八日晚上八点半”开头的文章不仅记载了熊的发现地、足迹，甚至还附上了熊粪便的草图。有的时候，《学校通讯》里还会有“妈妈加油，姐姐加油”这种呼吁区域内妇女们参与排球比赛的宣传内容。

相比于校园通知，《学校通讯》更像是地区的公告栏。部落委员会、妇女会、消防署集会、老年人社团……无论是什么样的内容都可以刊登在上面。就这样过了七年，如今，每年到了十二月，当地居民就一定会前往盛冈市的县教育委员会，和往年一样请愿让小野寺校长继续留任。

“四年前的一天，我被县教育长叫了去。‘回盛冈去吧，你就不是田濑这种小地方的小学校的人。去盛冈做个大校长吧。’但我拒绝了。相比城里，还是地方上的人更纯朴，在这里我能清晰地感受到我的一举一动是可以原模原样地传递给孩子与他们的父母的。对我来说，在这里住着很舒服。”

然而，尽管如此，小野寺校长还是同意了停止办学。为什么？

“像我这样一个人住在学校值班室里的校长，之后再也不会有了。在这样的小山村里，能让村民们也觉得‘不能输给孩子，我们作为父母也要像样一点’是很重要的。但现在的老师跟上班族一样，从很远的地方开车来学校上课，每天又要很早回家……”

“精神训话”　萝卜里加一点点米粒就是一日三餐。小野寺校长出身于一个十分贫困的农民家庭。小时候，每到盂兰盆节他都会去墓场，在人们扫完墓后用小刷子把大家供奉的红豆饭都装起来，洗一洗再吃。后来，他在一位祈祷师的收养下，考入了师范大学。

由他本人执笔的《学校通讯》“校长的话”这一栏目里，记录了他的许多“精神训话”：“在树桩边坐下休息了，再站起来的时候要说谢谢”；“生气的话，心灵的镜子就会起雾”；“让我们一起建造一个健康的、富裕的、友爱的、宜居的田濑”。

六太郎老师告诉我们：“我们小时候一直听大人说，穷是因为没做好工作。这样的教育深入我们的骨髓。我觉得这也在某种程度上解释了之后我们为什么会成为主张牺牲小我、为国奉献的‘战争协力者’。因为我们被阶级蒙蔽了双眼，也被剥夺了抵抗的精神。从这一层面来说，我们这些年纪的人，也都是战争的受害者。”

如今，像田濑这样的小地方也建起了磁带加工厂，旅游观光开发也在不断推进。一九五五年的时候，光是东和町就有二十一所小学，可现在只剩七所了。在这样一种现代化浪潮的冲击下，用劲全力活到现在的老校长给予我们的“精神训话”，又会经历怎样的变化呢？

明年春天，随着这家小学校停止办学，小野寺也将告别他多年的教师生涯。

一　抵抗逆流　一

拒绝转向的殖民地教师

山峡里的分校　穿过一片茂密翠绿的林间，我们的车继续在颠簸的道路上行进。右手边是水墨画里常见的陡峭岩壁，左手边则是安家川湍急的溪流从林间快乐地奔下。

岩手县下闭伊郡岩泉町。摊开地图便可以发现，岩泉町位于南北走向、始于三陆海岸的上山地，接近青森县的那一端。除了北海道的町、村，岩泉町算是日本面积最大的乡镇，据说有大阪的一半那么大。从盛冈市搭乘国铁山田线的列车抵达位于三陆海岸的宫古，大概需要两个半小时。再在茂市换乘岩手线一路向北，大约一个小时便能到达终点站岩泉町。而要前往我们的目的地——町立大平小学坂本分校，则需要从岩泉町站再往大山深处开四十千米，学校位于海拔五百八十米的山峡之中。

终于，一间看起来十分可爱的淡棕色校舍出现在了我们面前。学校建在安家川边的平地上，像是被周围的群山紧紧包裹着。从偏远程度来说，它算是日本五级偏远（最为偏远）的学校。孩子们都回了家，阿部真彦老师（五十一岁）独自在寂静的校园里等待着我们。

战事激烈的一九四三年，毕业于台湾新竹师范学校[1]的阿部老师正在台南四湖国民学校用日语对当地的学生进行“皇民化”教育。之后，日本战败。从战败的那天起，当地的学生们便不再理睬他了。

“赢了也好，输了也好，如果教的东西是真实的，那还有出路。但当时的我除了羞愧还是羞愧。一想到作为老师却没法按照自己的意志将真实的东西教给学生，一下子就什么干劲也没了。”

回到老家后，阿部老师再次站上了讲台，但在殖民地经历的战败体验并没有就此从他的心里消失。

《新教育指针》 战争结束的翌年五月，文部省给各学校发了《新教育指针》。

“在军国主义以及极端国家主义盛行的国家里，教育也会沦为战争的手段，在‘一切为了国家’的名义下被干涉……如今，因为我们成了和平的文化国家，教育重回轨道，教育工作者们可以不受任何人束缚、自由地尽其本分。这对所有的教育工作者来说都是极大的乐事。”当时任教于盛冈市仁王国民学校的六太郎老师手捧着这本《新教育指针》，读了又读，读了又读。

一九四八年，六太郎到新设的县教育研究所工作。该研究所由县、日教组[2]、大学共同设立。在那里的九年间，六太郎与广大一线教师共同合作，废寝忘食地探索新式民主教育的实践方式。

---

① 台湾新竹教育大学的前身，为台湾省内的教育大学之一。

② 即日本教职员组合，成立于一九四七年，成员多为公立学校教职员。除了关心教育问题，该团体经常参与政治活动，如主张罢工、反战、环保等。

与此同时，他还积极参与了民间教育社团的建立。在家人的帮助下，他甚至独自发行了油印版机关杂志《教育科学》。这本杂志在岩手教师群体中被广泛传阅，促进了各地教育实践的百花齐放。

乌云 但是，当时的政治舞台也可谓是风云激荡，国家接连不断地推行新政策——限制教师参与政治活动；针对教科书的“偏向”宣传[①]，改教育委员会的公选制为任命制；复兴道德教育；设立工作评定机制……教师们再次感到乌云开始笼罩他们。

就在那个时候，阿部老师和六太郎相遇了。

“我记得那应该是一九五五年的夏天，日本东北六县的民间教育团体在青森县浅虫召开了集会。我是第一次参加，在那里遇见的六太郎。东北各地来的老师们都住在寺庙里，大家一起探讨问题到深夜——比如，必须要让教育回到战后的出发点上去。”

那时，阿部老师的同事中开始出现整天看领导脸色的马屁精，他们之前多是勇敢的活动家，现在却当起了指导干部——成为校领导的上升路径。有的老师还成了转向者，强迫阿部老师必须参与升国旗（太阳旗）、唱国歌《君之代》。

但阿部老师对这些逆流行径嗤之以鼻，继续给孩子们提供通俗易懂的课程。

阿部老师从教生涯三十年，这一偏远的分校是他任职的第十

---

① 一九五五年八月，民主党在选举之际，提出了“刷新文教”的口号，在各地散发《可忧虑的教科书》选举宣传册子，认为日本当时的教科书中存在着政治“偏向”，贬低自己的祖国，应该加以纠正，提出将八月十五日日本“战败日”改为“休战日”。随着一九九五年自民党开始长期执政，文部省对《学习指导纲要》中关于教科书审定标准进行修订，历史认识不断倒退。

所学校。

“毕竟我是经历过战败、转过一次向的人……”阿部老师嘟囔了一句。

在八张榻榻米大小的狭小办公室里，我们倾听着淡然的阿部老师诉说着过去的事。窗外的蝉鸣不知在什么时候停了，夜幕也逐渐降下。这时，办公室里进来了一位年轻女性。是住在学校宿舍的单身女教师，今年是她当老师的第四个年头。

“美奈子还是必须转学吗？真让人担心啊。我现在去一趟她家。”

对阿部老师说完这番话，她便走了出去，走进了夜色里。

和山峡里的孩子们一起

结业式的清晨　第二天清晨，我们再次来到坂本分校。刚爬上山顶的太阳光芒四射。偌大操场的一角聚集着一群人，是孩子们正在参与集会。坂本分校从一年级到六年级共有二十九名学生。教师只有四名——五十多岁的阿部老师和新沼老师、二十多岁的浅野老师、小笠原老师。从本校赶来的校长短暂地发完言后，阿部老师开始说话了。

“二年级的美奈子要转去别的学校了，大家跟她告个别吧。”

阿部老师说完，肤色白净的美奈子走到了大家的面前，轻轻地低下了头。

年轻的小笠原老师昨晚去美奈子家其实是有原因的。美奈子父母离异，母亲原先将她托付给了住在这个部落里的亲戚，自己则在某个地方的舞厅工作。这个暑假，美奈子的母亲决定将她接过去。但据说去那边后美奈子也不是跟母亲住，而是被托付给了附近的一户人家。小笠原老师从一年级开始就一直教美奈子，担心得不行。

“那孩子的妈妈偶尔会来看她。每次来的第二天，美奈子就会开始念着‘昨天跟妈妈一起睡觉了’‘我妈妈可好了’，可以挂在嘴边整整一周，然后慢慢又会把妈妈忘掉。她知道自己没法像其他孩子那样和妈妈一起生活，这次也说不想去……”

小笠原老师神色黯淡，就像是在和自己的孩子分别。

大家合唱了《大海》，变身为摄影师的浅野老师迅速给大家拍了合照，结业式就此定格在照片上。

怀揣初心　坂本分校的孩子们每天都得走长长的山路来上学。比如五年级的贵子，他每天光是来学校就得走五千米、大概得走上一小时。

他们的父母大多都在从事体力劳动，种植谷物、饲养牛，还有最多的砍柴、修路等工作。这一带十年前才有了电灯，很多家庭一到夜里就是一片漆黑。这里也几乎没有人订报，大家主要的信息来源就是电视。

“没有绘本和漫画，也没有来自家庭的刺激，所以大家的词汇量都非常少。几乎没有孩子在上学前就认识字。从所谓的学力来看，因为大家的反应比较迟钝，在一般的评价体系下，他们就是一群成绩差的孩子。但是啊，我来这里之前真的没想过，来学校上课竟然是孩子们最期待的事情。想要知道、想要记住，好学的他们会跟我们老师说：‘老师，我们不要玩的时间，上课吧。’我是第一次见到孩子们这种怀揣初心的样子。”阿部老师说道。

不论四位老师在哪个年级任教，他们对所有学生的情况都了如指掌。大家总是一起教学，一起陪孩子们玩。

别离 六年级的利秋是学生里“孩子王”一般的角色。他的父亲出门打工了，但母亲十分开朗，并没有受到分居的影响。坂本分校除了二十九名正式学生，还有两名“特别生”——两个明年才能入学的小家伙。由于他们每天都跟着哥哥姐姐来分校玩耍，老师们便把他们当作准一年级学生对待。阿部老师告诉我们，两个小家伙总是会因为各种原因哭鼻子，每当这个时候，都是利秋去把他们哄好。

“知道美奈子要转校的那天，利秋背着美奈子在操场上跑了好几圈，看得我都忍不住掉下了眼泪。”

学校操场的一角坐落着一间小小的部落公民馆。在那里，大家为美奈子办起了送别会。这是孩子们自发组织、策划的活动，老师们在被邀请前都不知道。进去时，孩子们都已经在里面围坐成一圈等待了。小笠原老师见状，赶紧跑出去买了零食。

唱歌、玩丢手绢的游戏，好生热闹。过了一会儿，大家又转移到了外面的操场，围成一圈玩起了抓老鼠的游戏。四位老师也在里头跑得大汗淋漓。

到了下午，我们正在教员室里和老师们交谈，操场上的欢声笑语突然停了下来。走出去一看，大家将美奈子围了起来，她一个人蹲在中间。

“这个，美奈子，这个给你。”

年幼的孩子们正在给美奈子送礼物。

一块写字板，一把铅笔，用纸包起来的粉色、紫色的野花，都是孩子们今天上学带来的礼物。美奈子在中间，哭得停不下来。

在一旁远远看着这一切的阿部老师发出了声音:“我一直觉得能来这个分校真好。老师们可以无拘无束地和孩子们待在一起。没有什么比这更幸福的了。”

反对学力测试

落泪的朗读　与坂本分校的孩子们告了别，我们一行沿着安家川下了山。分校下游约六千米的位置，坐落着岩泉町立大平小中学校。

教学楼是木制的二层建筑，白铁皮屋顶早已锈迹斑斑。一层是小学，孩子们不分年级都在一个班上课。二层是中学，每个年级分别有一个班。小学、中学加在一起的十二位老师都住在学校周围的宿舍楼里。其中有两对夫妻，剩下的都过着单身、独自开伙的生活。

负责中学语文课程的藤泽靖老师（四十三岁）也是单身组中的一员。他是今年春天从盛冈市内的中学被调到这里的。我们到的那一天，中年级学生们刚从海边参加完夏令营回来，藤泽老师整个人都被晒得通红。

藤泽老师的教师生涯始于一九五四年、岩手县岩手郡的松尾村中学。当时松尾村中学的校长叫吉田农（已故）。战前，有一群教师高举着“北方教育”的旗帜、将生活作文作为武器来教育日本东北地区贫苦的农民孩子，吉田便是其中的一位。一九四〇年，他和许多同伴一样，因违反《治安维持法》被捕，后来才得以重回讲台，在松尾村中学当上了校长。

有一天，藤泽被吉田校长带到了一个关于山村教育研究的集会上，集会是在二户郡小鸟谷召开的。当时，一位边朗读学生作文边哭泣的教师给藤泽留下了深刻的印象。那位教师便是六太郎。

“我已经忘了当时那篇作文的具体内容了，只记得是写贫困生活的，但六太郎老师当时的样子我怎么也忘不了。我从心底对他说的话产生了共鸣，也是从那时开始，我投入到了作文教育之中。”

蘑菇汁斗争　一九六一年，一件令岩手县的教师们毕生难忘的事情——针对文部省指示的全国统一学力测试（以中学二年级、三年级学生为对象）的反对斗争——发生了。

自一九五〇年起，以重工业、化学工业为中心，日本经济迅猛发展。一九六〇年末，随着政府推出“国民所得倍增计划”这一以大企业为中心的高度增长策略，日本的教育界也发生了翻天覆地的变化。

在这一“国战所得倍增计划”中，培养能推动经济高速发展的人才被放在了很重要的位置上。而学校则由此成了为国家输送此类人才的源泉。在这一背景下，文部省指示要举办全国统一学力测试，这是出于什么目的呢?

这件事其实在一九六〇年十一月文部省发表的《目前文教政策的重要课题》中就初露端倪了。该文件中记载，由于“政府认为有必要为立案中的‘国民所得倍增计划’广泛培养人才”“实现优秀人才的早期发掘至关重要”，实施学力测试便是解决方法。在当时的其他文件中，我们也可以看到“为人才开发计划立案做准备”这一表述。

藤泽老师当时正在岩手郡黑石野中学任教。当时，岩手教组本来准备组织巡逻人员阻拦带着试卷前来的教育局职员，但却在黑石野中学采用了更巧妙的战术。

教育局职员来的前一天，大家让擅长做饭的保健阿姨们用学校后山采来的蘑菇做了好喝的蘑菇汤。第二天，秋高气爽，学校的老师们热情地迎接了教育局职员，一进门就把他们带到了值班室招待，端上蘑菇汤后，便趁机把他们都锁在了值班室。最后，教育局一行只能带着空白卷回去，斗争取得了巨大成功。

当时，六太郎老师也是参与斗争的岩手教组的一员。

> 如果说对老师们进行工作评价是穿着沾满泥的鞋子踩进教员办公室，那举行学力测试就是穿着沾满泥的鞋子闯进教室的暴行。

六太郎老师写道。

政策根源　最后，岩手全县的测试拒绝率高达85%。可以说，政府的计划在这里遭遇了挫折。虽然学力测试本身被拦了下来，但测试背后的政策思想并没有发生完全的转变。从那时起，藤泽老师便更加努力地教学，希望通过自己的课堂让孩子们获得真正的“学力”。藤泽老师大概是想借此反抗学力测试中体现出的“逆流”以及政策最根源的部分吧。

学力测试斗争后的一九六二年，六太郎老师当上了盛冈市杜陵小学的教务主任。这所小学从一九五七年开始便将各年级分为几个班，促进学生以班为单位开展校园活动。六太郎老师上任后，他在以班为单位进行授课的基础上，推进了一个核心计划。

“要让孩子们意识到学习是他们的权利，要让他们更为自主地参与课堂”——这便是杜陵小学的愿景。

一天，藤泽老师接到了杜陵小学打来的电话。“就是这样，想要让你帮个忙……”六太郎老师在电话里说道。

教室的主权在孩子们手中

考试体制 “躺在盛冈‘不来方’古城的草地上，十五岁的我的心 像是要被天空吸了去……”

石川啄木短歌里的这座“不来方”古城，其遗迹就在盛冈市的中心，坐落于东西流向的中津川旁。如今，遗迹已成了岩手公园，而杜陵小学就在它的河对岸。

六太郎老师赴任成为杜陵小学教务主任的一九六二年，前一年开始兴起的反对学力测试的斗争仍在全国上下如火如荼地进行着。也是在这一年，文部省发表了《日本的成长与教育》一文，由此正式提出了“教育投资论”的概念。

据说这一思考方式最初由美国的经济学者提出，用于量化国民所得增加部分中学校教育所贡献的程度，之后在日本的经济界引起关注。文部省在该文章中指出，“我们可以将用于扩充教育的经费视为促进生产的投资”，并提出要向经济界看齐，调整学校教育的运行轨道。

就在这通过考试来区分是否有利于“生产”的体制不断强化的过程中，六太郎正朝着一个无关考试的教育方向默默前进着。

这是一个什么方向呢?

早在六太郎老师来到杜陵小学之前，这里的孩子们就被教育要自主管理自己的校园生活。比如在走廊上跑动、争抢狭小的操场，每当发生这种日常的问题时，老师们并不会以训斥、命令的形式进行管理，而是让学生们自己思考、对话、解决。

但在学习方面又如何呢？学习上，孩子们还是会听从老师的指示，毫无怨言地踏踏实实学习，唯命是从。出于对此的反省，六太郎老师上任以来便开始强调“要让孩子们成为课堂的主角”，学校的老师们也开始积极地朝这个方向努力。

六太郎老师上次在电话里拜托藤泽靖老师的就跟这件事有关，让藤泽老师帮忙研发教材和探索上课方式。

四阶段假说 学生们成为主角的课程是什么样的呢？我们走访了几位当时和六太郎老师一起工作的老师，他们是这样说的：

“将整个年级分为七人一组、六个班，第一阶段先是让各班之间展开竞争，如举办汉字比赛、说话比赛等，由此让孩子们拥有集体学习的态度、规则意识，同时强化班级集体概念。

“第二阶段，将由班级竞争引起的发言权竞争等混乱情况交给学生们自己处理，让他们去思考并自发地制定出学习规则。这一阶段的目的是让学生们更高效地集体学习。

“第三阶段是在每个年级选出学科代表。语文好的学生就当语文课代表，数学好的孩子就让他们当数学课代表，以他们为中心推进课堂。懂了的孩子要帮助不懂的孩子，有时候，懂了的孩子会为了不懂的孩子在课上跟老师‘叫停’，孩子们就用那个时间来互相答疑解惑。像这样，将有越来越多的孩子成为学科代表，最终实现第四阶段全员学科代表的目标。至此，每个孩子都能成为课堂里拥有主权的人，并能将学习作为自己的权利来实施。当时六太郎和各位老师们就计划基于这一四阶段‘假说’来推进课堂。”

那么，这梦想般的冒险实际发生了吗？是的，以六太郎老师为核心的教师团体发起了挑战，然后以不完全的形式实现了这一梦想。

化妆　及川爱子（四十三岁）是当时在职的教师之一。

她告诉我们：“六太郎老师那时候可严格了，让我们把事务性工作减到最少，好好去上课。他自己也会站上讲台，上课给我们看，我们看完之后互相讨论，然后自己再去上……当时的教员室真的是热火朝天，班级和年级就像是社会的缩影，大家互相帮助、互相增进理解、互相追问，然后一起变得强大——每个人都是这么希望的。”

当时教学十分出色的橘毅老师（四十八岁）后来在岩手县内靠近青森县境的九户郡青米町晴高小学当上了教务主任。“那时候啊？真的是每天都过得很充实，很有成就感啊。再看看最近，擅长搞关系、擅长化妆的老师倒是有很多。”

假说并没有完全按计划获得成功。就像六太郎老师写的：

>（教育）就是在不断失败、不断遭受挫折、不断走弯路却又每次都能坚持不懈地从头来过的过程中才能有所突破。它不像在铁轨上运行的电车，总能在特定的时刻停下、出发，畅通无阻。

但是，可以看出六太郎老师十分确信，单方面地将知识强行输入给孩子们，在此基础上为他们的“能力”定价，并不是他想要看到的。

据橘老师说，在六太郎老师离开杜陵小学之后的一次宴席上，盛冈市教委的某课长拍了拍他的肩膀说：“杜陵这次终于变好了，毕竟日本共产党人走了……”

一　高度增长的结果　一

从壮丁村到流水线作业

壮丁产地　在长达十五年的战争中，岩手县为战争输送的士兵人数是全日本最多的。而岩手县送出的这些士兵，大多又来自坐落于北上高地崇山峻岭中的下闭伊郡各村落。从一九三四年各壮丁体格类别的数据来看，岩手县接受征兵体检的青年中，38.2%为甲类合格，远超日本的县平均数据（30.8%）。

据说这是因为当时岩手作为贫困山区，婴幼儿死亡率极高，而能在这种情况下存活下来的孩子们大多都有强健的体魄。后来，这些忠诚、勇敢的农民兵大多都战死沙场了。曾经的下闭伊郡安家村、现在的岩泉町大字安家也曾是这些士兵的故乡之一。

从旧安家村的中心继续往里走六千米，在这里的一户农家，我们见到了一位九十二岁的老婆婆。她的家人都在附近工作，见到她的时候，她一个人躺在床上，娇小的身体几乎完全无法动弹。

她的儿子曾是独立步兵三〇三大队山崎部队的一员，一九四三年五月战死于美国阿图岛。关于儿子，她的手里只剩一张薄薄的遗书。

遗书

母亲大人：

世事变化无常，小生如今即将离开祖国，留下告别之言。

正是因为从小被家人悉心呵护，小生才拥有强健的体魄，才能作为军人在战场上出色地履行自己的光荣使命。

最后，小生立誓要报效天皇、报效祖国。

陆军二等兵　年年德藏

一九四二年十月吉日

二等兵德藏战死的时候年仅二十二岁。

教师的“本色”　作为壮丁产地的安家，如今正经受着高度增长的后果。一九六三年，在“大量生产—大量消费—大量繁荣”的模式下，成长战争愈演愈烈。之后，越来越多的人离开了农村。和当时相比，整个安家的人口足足减少了三成。大家毫无例外地都是外出打工。在这样的情况下，孩子们又过着怎样的生活呢？

石田武夫老师（四十二岁）是在十年前来到安家中学的。

“作为父母，不再对孩子们留在农村抱有期待，任凭他们去喜欢的地方工作，但前提是不要给自己（父母）添麻烦。说要上大学的孩子自然是没有的，大家的学历也普遍偏低。孩子们可以说从一开始就被否定了自己的可能性。这些因政策而被剥夺了生存基础的偏远山村的孩子们，要把他们培养成能直面现实且能迎面解决现实问题的人越来越难。说实话，当时的情况真的很糟糕。”

正如石田老师所言，当时的情况十分严峻，甚至关系到了教师们的生存状况。但是，在安家这边听到的教师的“本色”，让我们陷入了沉思。

因被调到了偏远校区而退出组合的老师、拒绝参与罢工的老师，据说大家都是因为担心组合活动会推迟自己被“调离偏远校区”的日程，进而耽误自己的上升路径。据说还有老师身为组合委员却下指令让大家不要参加罢工，并以此为功帮助自己早日脱离偏远山区。

“买人”　每年的六月至九月是“买人”的季节。曾经的校长们会接连带着印有企业人事主管头衔的名片来到安家。“你在这里也待了很久了吧，明年必须得想办法让他们把你调出去”，这些校长以这样的话术让老师们去说服自己的毕业生。

我们找到了参与“买人”的一位老校长，宫五郎（六十七岁）。他原先担任过四所小学、中学的校长，现在在爱知制钢人事部工作。聊完了一些世间苦事后，他告诉我们：“有时候即使成绩好，比如那些学文学的孩子，因为不太能融入集体生活，企业也是不想要的。从这点来看，偏远地区的孩子正好。因为他们最听话，听话是最重要的。”

安家中学去年共有五十六名毕业生，今年春天是四十九名，其中有六成最后都去了企业。

“我以前也经常去送孩子们，一直会送到宫古的车站。集体就业的列车发车时心里的那种难受，真的受不了。孩子们也都忍不住哭……因为他们知道自己只是作为消耗品去工作，用完就会被随手扔掉，但也没有别的办法。”石田老师说道。

那么，那些从安家出来的孩子们，现在又过着怎样的生活呢？我们找到了其中一位当年的毕业生，Y子（十七岁），来到了她工作的地方——位于栃木县小山市的富士通小山工场。那是一家资本金为三百四十多亿日元、约有三万名员工的大型通信机器厂家，光是小山工场就有四千二百人。

Y子从事的是流水线上的工作。每隔七分钟，传送带上就会送出一个小箱子，她要将里面的零件组装好。据说每天得经手六百多个零件，起薪五万六千二百日元。Y子住在员工宿舍，下班后会去非全日制的高中上课，第二天又重新回到流水线上工作。她告诉我们："其实我本来是想做幼儿园老师的，但可能不可以吧。"

晚上，我们去了Y子的宿舍。《Margaret》（集英社少女漫画杂志）、《周刊平凡》以及歌曲类电视节目，就像流水线上接连不断被送出的标准化零件一样，洁白的青春在空气中飘荡着。

向村庄袭来的高效化浪潮

宇宙基地　晚上八点，我们驱车来到了岩手县下闭伊郡田野畑村。由于下着暴雨，山峡的道路可见度极低。

去年四月，不顾村民的极力反对，由本校与其他三个分校合并而成的田野畑中学诞生。二百五十八名在校生中，其中有一百六十五名住在若桐学生宿舍。听闻今晚正好是延迟了三个月的新设宿舍楼一周年纪念祭，我们便匆匆赶了来。

一九七〇年，《过疏地域对策紧急措施法》（《过疏法》）颁布。之后，越来越多的地方开始推进学校统废政策，也就是将分布在偏远地区的分校等小规模学校关闭，并入某一处的统合校舍。《过疏法》中包括了一系列财政层面的“统合促进剂”，比如市町村若要建设统合校舍，国家将承担其中三分之二的经费。和新建、改建相比，建立统合校舍对于市町村来说更为有利。

在一片经砍伐杂木林而开拓出的荒地上，突然出现了一幢白色超现代设计的宿舍楼。钢筋铁骨，四层楼高。

宿舍楼的一楼是大食堂，大厅的一部分是通往二楼的开放式楼梯，天花板上吊着几盏透明玻璃吊灯。第二天，我们去了本校校舍。本校教学楼的设计也十分时尚，像是在建筑杂志里才能看到的那种——地下一层，地上两层，四幢教学楼靠着楼梯式走廊相互连接，围着中间的中央大厅。

包括宿舍、综合运动场在内共耗资四亿六千万日元建成的这座“城”，如同沙漠中的宇宙基地一般，与周围的偏远山村彻底隔绝。

情书游戏　大食堂里聚满了学生。电灯被关了，桌上立着的八根蜡烛闪烁着烛光。

“本来是准备开篝火晚会的，但没想到会下雨。”作为舍监的昆良一老师稍作了一番解释。难怪学生们看起来兴致并没有那么高——一个个靠在昏暗的墙边，不耐烦地看着。播放的音乐是学生们自己录进磁带的——“话说你，是那女孩的什么人啊，港口的洋子，横滨，横须贺”（歌曲《港口的洋子·横滨·横须贺》）不断循环着。

女孩子们被蒙住了眼睛，男孩子们在她们面前读着情书，女孩子们得猜出是谁——学生们玩起了情书游戏。“即使是现在我还爱着你，请不要害怕，不要害怕，只要和你在一起，我就无所不能……”猜中了一阵起哄，猜错了也一阵起哄，整个大厅终于恢复了一些生气。

晚上十点，宿舍祭终于落下了帷幕。舍监室里，昆老师一屁股坐下，一副勉强打起精神的样子。昆老师是社会科的老师，今年春天刚来这里任教时就被告知得接任舍监一职。他答应了，但前提是只当一年。

“真的是精神上吃不消，每天晚上我都得祈祷不要发生什么事故。

“盗窃、斗殴、粗鄙行为、乱来的、男女学生间的暧昧行为……在学校里浪费钱互相请吃零食、面包，周末回家向家里讨零花钱，家里人也为了让孩子在学校里不被看不起，勉强给钱。就这样，大家对什么都不关心、不上心，除非有什么损害自己利益的事情，否则就绝不会主动采取行动。”

当问起昆老师和其他老师学生们是怎么样的时候，他们如上所述回答道。

三年级的A子闹过一出自杀未遂事件。她从寝室里把门锁住，喊着说“要从阳台上跳下去，死给大家看”。老师们把她的母亲叫来也没有用，最后还是之前一直同寝室的毕业生把她给说服了。据说A子是因为一点点谣言以及和朋友们的不愉快而一时想不开。

直击　接下来的一天，我们访问了一户把孩子送到学校宿舍里住的农民M先生的家（四十二岁）。他家有中学三年级、二年级的两个孩子。两个孩子每个月的住宿费合在一起得两万日元，这对一个山村里的农民家庭来说并不是一笔小数目。这家母亲（三十八岁）告诉我们：“除了这些，还得给他们买衣服，买这个那个，让他们能体面地去学校。现在孩子父亲住院了，我出去干点体力活每个月大约赚个五万日元……”我们去的时候，两个儿子正在外面玩耍，家里只有母亲一人。进门的地板上，两人从宿舍带回来的脏衣服高高地堆着。

“在分校的时候，下雨天给孩子们送伞还能和老师说上话，有时候甚至是老师主动上来说话。现在倒好，学校里发生了什么事，我们完全不知道……”

“要大胆地统合学校、医疗设施，提高社会资本设施的利用效率”——在财界领导层策划的经济审议会上，大家对“向高密度经济社会迈进的地域课题”发表了如是意见。

被颁布教育政策的当局以及经地方部门放大的高效化、合理化理论，如今正冲击着山村农家的孩子及父母……

一　和X先生的对话　一

每个人身上都有美丽的种子

“六大竞争”　菅原恭正老师（四十八岁），学生与家长都亲切地称呼他为恭正老师。恭正老师身材魁梧，有些胖，皮肤很黑。

今年春天之前，他一直在岩手县胆泽郡衣川村一所很小的小学工作。如今，许多农村家庭虽然住在水稻种植区，但家里的情况大多是父亲外出打工、母亲在家附近的工场工作、老人们负责家里的田地。在这种家庭环境下，孩子们整日守着电视的情况越来越严重。恭正老师带的是小学二年级，班上的十八名学生和大多农村孩子一样，没有学习的动力，几乎都是老师不说就什么也不做。十八名学生里有十三名连十二减五是多少都会算错。

面对学生们这样一种状态，恭正老师从第二学期起便开始了“六大竞争”。他将班上的孩子们分成三个组，给所有人布置了六个目标，让孩子们以组为单位进行竞争、达成目标。

当整个组都完成第一个目标后，恭正老师才会接着定下第二个、第三个目标，总共有六个目标。除了算术、语文，目标项目里还有骑上四十厘米高的竹马，用口琴吹出《虫之声》，在一分钟之内用小刀削完铅笔，等等。在这些多彩目标的激励下，孩子们也开始有了动力。就这样，到第三学期期末的时候，整个班已经完成了五次“六大竞争”、所有孩子们都达成了三十个目标。

在那期间，恭正老师还通过誊写的学级通信，将孩子们在学校的状态都分享给了家长们，大家互相鼓励。一开始不太行的孩子通过努力终于达成目标时，他会高兴地让他们在自己的肩膀上骑马，让大家一起祝福他们。一天，他在空无一人的教室里严厉地训斥了一位想要放弃学习上单杠的孩子：“手伸出来给我看看。茧子不都还没练出来吗！继续加油练！练到手上血出来了为止。”在老师的训斥后，那个孩子终于学会了上单杠。他把这份最终达成目标的喜悦写进了作文里。

“大家也开始学会互帮互助了。当最后一个孩子完全掌握了九九乘法表后，大家一起兴奋地把他抛了起来……那孩子妈妈知道以后也高兴地哭了。我觉得，作为老师，要想和家长们建立关系，只能先做好老师该做的事，在此基础上去改变孩子。”恭正老师说道。“那个老师，晚上也都不睡觉，一直在工作，但即使是这样，我的孩子还是没有什么进步，肯定是现在的教育体制哪里出了问题”——家长们愤怒地评价的这份工作，恭正老师却觉得这是他身为教师不得不做的。

剃光头[①]　恭正老师如今在一个身体障碍儿收容所的附属学校工作。这是他教师生涯中第一次参与残障儿童的教学。我们拜访的那天是一个炎热的夏日，而且是午后太阳最大的时候，学校里正好起了骚动。根据学校的方针，所有的男生都要被剃光头。

---

① 日文原文为“丸坊主”，指把头发剪短或完全剃光的头。

理由是“天气太热了，光头清爽”。但恭正老师听了之后表示反对，因为一个言语表达有障碍的孩子这次却清楚地表示拒绝：“我，不要剃光头。”

“在这个学校里，如果有孩子因为早上想抓知了、抓甲虫偷偷跑出去，一定会被骂得很惨。但是，对于这些残障儿童来说，‘有要求’其实是他们成长的基础。一味通过禁止的方式让他们迎合大人的想法、告诉他们要乖，是行不通的。”

然而，恭正老师的反对意见并没有被采纳。那个言语表达有障碍的孩子最后也还是被剃了光头。

“我希望能教出哪种孩子呢？那种不唯命是从、遇事能独立思考、尊重自己并在此基础上采取行动的孩子，那种在整个国家都往奇怪的方向上去时，能够不随波逐流的孩子。”

“叶隐”① 恭正老师毕业于陆军航空士官学校，原先是一位陆军少尉。他从小就被教育“即使在君主看不见的地方也要尽忠，一直都认真地思考着要尽早为天皇献出生命”。

也许正是当年那亲身经历的、深入骨髓的“向死”教育，激发了他如今实践“向生”教育的热忱吧。

大概十年前，恭正老师告别了前妻。“那时候我经常在各种社团打转，大概是寂寞了吧。”他现在的这位妻子，是六太郎老师介绍的。说起来，恭正老师还真像是从六太郎老师那里继承了满腔热血。他最喜欢的安积得也的诗是这样写的：

① 出自日本古典名武士道经典著作《叶隐》。“叶隐”意即在君主看不到的地方也要尽忠。

垃圾堆中　会开出豌豆花

沼泽中　会生出莲花

人人皆用有美好的种子　不知明日会开出何花

接下来，我们带着在岩手收集的这位、那位教师的模样，去见了我们的智囊顾问X先生（多人代称）。

思考战后第三十一年的教育

地基崩塌　在这个炎热的夏天里，我们开着车奔走于岩手的各个村庄——见到了各位不同的教师、追寻他们的人生轨迹。在此过程中，许多老师都告诉我们，战后的日本教育界其实出现了地基崩塌的现象。变身、转向、背叛，他们用了不同的词汇，将自己在前辈、同事间看见的那些匪夷所思的变化，生动地告诉给了我们。

X先生也有过类似的经历。

“变化起源于一九五五年，那时候战争结束不过十年。首先是学校的校长们，他们开始在学校运营的细节上主张用新的法律解释。每当和老师们发生冲突时，他们就会说这是‘理解不同’，这句话在当时甚至成了学校里的流行语。”

后来，在和罢工、国歌国旗相关的事情上，校长们开始滥用“职务命令”一词。

X先生告诉我们:“在那之前，校长也好、老师也好，大家作为共同经历过战争的人，还总是有惺惺相惜的情愫在。每当提起当年作为‘军国教师’的经历，大家从不遮掩内心的歉疚。但是，从业务评定制度开始实施起，大家似乎逐渐与过去划清了界限。不仅仅是校长，一些日教组的干部也是一样。我亲眼见过一位干部在业务评定中钩心斗角，通过背后交易升为了教务主任。”

校长们不再说人话，他们如果继续说人话，就当不上校长——这句话也是出自当时。

就这样，战前的上命下服体制再次抬头，与此同时，通过考试选拔学生、为学生排名的现代教育结构也逐渐形成。

发条娃娃　在六太郎老师的笔下，现代学校教育是一个“以考试区分学生、以道德管制学生的结构”。与此同时，对于那些被视为优等生的孩子，他也给出了锐眼观察下的描述：

> （成为优等生的条件是）对于朋友的失败与破灭能冷眼旁观，对于他人的冷漠眼神能麻木不仁，对于世间所有动态能不闻不问……可以说，优等生就是标准化产品的典型，他们的存在就是为了能极力迎合现代社会。他们会主动打磨自身不适应现代社会的部分，让自己成为一个圆滑的零部件……说到底，不过就是一些为其拧上发条就能按既定程式旋转的发条娃娃。

除了对优等生的形象作出的犀利刻画，六太郎老师也对当时教师们的模样进行了深刻描绘：

> 教师们让孩子们觉得自己的资质与能力都是从小就注定好的……将这种教育方式称为民主的、尊重人权的教育，实

属欺瞒……战败之前，教师们致力于为国家打造“忠孝之军”，而今，现代教师被迫培育出以优等生为代表的“平均水平的人”……若是想培养学生的集体意识、让学生收获学习真理的快乐与感动，教师必须先从做回一个真正的人开始。

激情 同样作为战后的教师，有的以求自身安稳为行动最高准则，有的则完全相反，全心全意地投入教育事业之中。究竟是从哪个分岔路口开始，大家走上了不同的道路呢？对此，X先生结合从战前时代继承下来的教师特质，这样评论道：

“战前的教师，仅仅作为天皇的臣民存在着，通过自身的学问、伦理来思考、行动，都是不被允许的。当他们试图为自己的生活增添一些激情时，却又不由得走向了对战争的热烈赞美。说起来，这也算是文学中日本浪漫派的想法吧。战败后国家支配教育的形式遭到否定，但教师们形成的这样一种特质，也阻碍了他们去摘除那些自身应主动否定的部分。大家走向了不同的道路，大概就是从‘八一五’战败体验开始的吧。是否将战败视作自身的责任，成了大家的主要分歧点。”

当时有一句口号是：“不要再把学生们送上战场了。”X先生和我们讨论道，如果说这句口号在当今有什么现实意义，大概就是呼吁教师们要将每一个孩子、这些“未来”的体现者们，培养成能理解生命的尊贵与活着的喜悦、充满正义感、对同伴饱含善意、能体面生活的人。

岩手的各个村落终将迎来严峻的挑战。那个分校的孩子们，究竟过得怎么样呢？在和X先生聊起岩手的每一位采访对象的过程中，我们也不由得思考起了战后第三十一年的教育。

— 采访笔记④ —

六太郎语录

我们到岩手县采访是在一九七五年（昭和五十年）的七月下旬。

从东京出发的时候，我们的笔记本上除了吉田六太郎校长的联系方式之外，什么也没写。进入岩手县境内，从哪里开始、问什么问题，我们都毫无头绪。但总之就是一个目标，那便是以六太郎老师战前、战后四十年的历程为轴心，实地考察战前、战后的教育实况，从中寻找出有助于刻画今日教育状况的抓手。由于马上就要迎来战败三十周年的日子，为了赶在这个日子前完成采访，我们加紧了日程。

六太郎老师所说的每一句话都十分具体，深深地吸引着我们不断深挖。从被采访者的角度来看，可以用“刨根问底”来形容我们的追问，但即便如此，六太郎老师还是一边擦着汗，一边真诚地回答了我们的每一个问题，其中还穿插了这么一个故事。这是当我们谈到“天皇至上”时代下教师们的惨状时，六太郎老师回忆起的事情。

故事发生在某所农村小学。战争时期，学校经常会组织学生们为战场上的士兵写慰问文。其中一名学生这样写道：

咚咚，咚，有人在敲玄关的门。起来看了看是谁，是县政府的人。他递出了一张红色的纸——“召集令状”。爸爸吓了一跳，说“终于还是来了”。对方回答道：“没办法，不过也不是就你一家收到这个。”说完就走了。“孩子他妈，醒一下，太郎收到召集令了。”妈妈也起床了。“这可怎么办啊，我又干不了活。”她低着头说道。妈妈因为神经痛不能干活，这样一来，全家只有爸爸一个人能割稻子了。

但是，由于这样的文章无法提振士气，学生的老师擅自对文章进行了修改：

晚上，家里收到了召集令。“这是光荣的召集令，得马上告诉你哥哥去”，爸爸说着便提着灯往庄园主家去了。因为哥哥那时候正在庄园主家干活，收到爸爸送来的召集令后，哥哥兴奋地说：“啊，终于等到了。”东方的天空一片光芒，像是在祝福我们这光荣的一家。

“这就是那时候老师们的工作。”“圣职”并不是对孩子们来说的“圣职”，而是对天皇而言的“圣职”——六太郎老师作为活着的证人告诉我们。

关于这个改作文的故事，我也有着相关的记忆。一九四〇年，“皇纪二千六百年”普天同庆之际，我还是一名小学生。当时，班主任老师将我的作文改成了歌颂伟大皇纪二千六百年，并将其刊登在了校内志上。整篇文章满是华丽的辞藻，连我本人看了也会惊讶的那种，因为我自己是肯定写不出来的。只记得当时作为一个孩子，没能把这件事告诉父母和朋友，内心十分煎熬。

“咚咚，咚”这篇慰问文的故事在六太郎老师的著作中也有介绍。六太郎老师其实有很多著作，可当时突然拜访的我们对这些一无所知，回到东京后才开始“补课”，把他的书都读了个遍。读完之后，我们深感真的是见到了一位十分了不得的人物。

我们从中摘录了一些内容，编辑了以下《六太郎语录》：

> 教育，谈及其本质，并不仅仅是要让每一个孩子都过上幸福的生活，还要期待孩子们将来所处的社会是一个更好、更幸福的社会，培养孩子们创造出这样一个社会的能力。所以说，教师们的工作，是面向未来的工作。不仅要让孩子们能适应当下的社会，更要让孩子们具备自己改造社会的能力，获得成为新社会打造者所需的资质与能力。
>
> ——《守卫学生幸福的教师工作》

> 我现在尤其想说的是，希望教师们能成为锻炼学生的教师。每当孩子们从学习中收获了喜悦、从理解中收获了感动时，（教师）就要往更高的地方看，为接下来的一步做好准备。我们将这种能根据孩子心理变化调整课堂内容的教师称为专家教师，将这种课堂称为锻炼学生的课堂。在一直满足于低水平、安于现状的吊儿郎当的状态里，教师要面向未来率先迈出一步。这样一来，孩子们的幸福生活也就开始了。
>
> ——《守卫学生幸福的教师工作》

教师们让孩子们觉得自己的资质与能力都是从小就注定好的，在此基础上“因材施教”——将这种教育方式称为民主的、尊重人权的教育，实属欺瞒。教师不仅不积极地让每个孩子的资质与能力都能得到充分发挥，而且还假装一切都是基于孩子们的现状、实则强迫每个孩子去接受自己（教师）为其定义的“资质与能力”，这样一种教育，将其称为欺骗教育也毫不为过。

——《创造优等生 · 教师们的表与里 · 摘掉你的有色眼镜》

我们教师是国家公务员。根据宪法第九十九条，我们与天皇以及包括总理大臣在内的国务大臣一样，都宣誓了“尊重、拥护宪法的义务”。只要是公务员，我们就有资格指出非科学的内容，批判没有逻辑、没有教育意义的内容，即使这些内容被编进了教科书。如果明知教科书里写的是谎言，还把他们教给学生，这就相当于放弃了教师的任务。传道授业，就是要不断积累这些曲折的工作，促进孩子们的成长，这是教师的使命。

——《民主教育的转折与校长》

如果说宪法的主人是国民，那学校的主人就应该是学生。教育，是为了这些主人而存在，而不是为了地方教委与文部省而存在。当然，教育也不是学校校长等人的私有之物，不应任凭校长随性运营。孩子们所拥有的“接受教育的权利”，同时也代表着不接受非正确教育的权利。

——《民主教育的转折与校长》

生活作文教师的回忆

日本东北的夏天十分炎热。往年夏天，我们总是开着空调，在与四季变换隔绝的玻璃箱里工作。在这种生活状态下，身体对温度的感知力也早已变得迟钝。对于这样的我们来说，毫不留情的、仿佛会把皮肤烧焦的阳光反而带来了一些自虐性的快感。去水泽市拜访永井庄藏先生的那次，也是一个烈日炎炎的午后。

在日本东北生活作文运动史中，偶尔会出现永井庄藏这个名字。永井先生于一九三〇年毕业于岩手师范，他也算是六太郎老师的大前辈了。

“这世上本没有路，走的人多了，就变成了路。”

在以这句话开头的《岩手县生活作文教育运动史》中，六太郎老师提到，岩手县“北方教育”运动的高潮始于一九三〇年。据说，当时生活作文运动的中心人物们，都是于一九二七年至一九三四年期间毕业于岩手师范的学生（尤其是一九二八年至一九三二年间的毕业生）。六太郎老师在书中写道，永井先生就是当年这些几乎都未满三十岁的青年教师中的一员。

“就像北方台的其他城镇一样，这一年（一九三〇年）对岩手县来说也是十分不容易的一年。翻开十月的《岩手日报》，整面都是《百余村镇无力支付教师薪水》《农村小学校高等科中途退学者突破五千名》《失业返乡者激增》等报道。”

据说，当时的师范校长曾撰文向文部省报告“小学国语教育存在着错误的倾向”，内容如下：

> 将酝酿情绪与感激作为国语课程的核心与心得，反反复复地将教师的主观想法灌输给学生，且将大部分时间都浪费在了文章上。自由教育、艺术教育的流行，对儿童的尊重，对儿童本位主义的误解……基于这些原因，儿童以及整个社会都受到了毒害。

在此期间，“岩手共人会”事件发生，许多生活作文教师遭到举报。但青年教师们并未就此屈服，依然积极推进着运动。

一九三四年，学生诗作《汽笛》发表。这首诗深深打动了岩手教师们的心。在当年召开的集会上，一位老师这样说道：

“这首诗来自一位贫农家庭的孩子，它代表着典型的日本东北农村儿童的形象。这些一边说着‘八重藏别哭了’一边听着汽笛声的孩子们，我们要将他们培养成不屈于现实的、健康的、坚强的生活者。教育，是有着这样志向的教师肩负的职责，作文也是。我们要让这些孩子们走进生活，点燃他们成为生活者的意欲。”

据说，这位叫及川均的发言教师在刚毕业的时候被禁止担任年级负责老师。因为县里的特高课长说他“在师范学校里宣传共产主义思想”。这一年集会的情形后来被收录进了《北方教育》这一由当时的作文老师们编写的机关志中。

> 加周（加藤周四郎）决定性的断言、昂（佐佐木昂）全身投入的魄力、二百五十名讲习员全员受训的场面……正如其中一位讲习员所说：“每个人的身体里都像有一个旋转着的引擎正隐隐发着低鸣。”

六太郎老师一直用笔记述着这些通过生活作文走进学生生活的教师们的故事。一九四〇年，“人民战线教育运动被疑事件”发生，日本东北一带的教师们集体受到镇压。六太郎笔下的故事也由此开始变得苦涩。

> （事件指的是）以所有岩手生活作文运动参与者为对象，赶尽杀绝般地打压他们的实践活动。当时，四十多名教师经受了入室搜查这样的暴行，吉田农、高桥启吾、永泽一明、及川均、柏崎荣等教师在熟睡中被捕，分别被关押了一百至一百二十五天。此外，战争的爆发使得所有的言论遭到封杀，教师们成了蠢人，必须教育学生“天皇陛下万岁”。“非国民”一词更是简单粗暴地压抑了真相，扼杀了生命。可那来自生活在岩手山野中的学生们的呼喊、教师们所面临的真实处境，也真的就此被抹灭了吗？

永井也是在当时的镇压中遭到搜查的一名教师。

六太郎老师向我们讲述了当时的情形，其中有这样一件事。那是战后日本东北民间教育运动的教师们参与的一次集会。当时，在会场的一角，六太郎老师旁边的一位年轻教师不经意地将装有沸水的水壶放在了桌上的一叠印刷品上。这时，只听旁边传来了一声呵斥——是永井老师。因为那叠印刷品是一位参会教师专程带来的学生们的文集。

“永井老师就是这样一个人，人很好，平时很温和，但一旦涉及孩子们的事，就很严肃。”结合着具体事例，六太郎老师为我们刻画了一位从战前就开始参与生活作文运动、走过了艰辛路程的教师形象。

如今，已经退休的永井老师正在积极地参与地区运动。我们前往拜访的那一天，夫妻俩刚从田里干完活回来，永井老师光着膀子，满身大汗。我们被招呼到了放满书的二楼。

当年，永井老师的妻子也是一位教师。她用刚从地里摘回来的毛豆和西红柿招待了我们。毛豆鲜绿、西红柿上淋了些许蜂蜜——看似朴素却又美味至极。看样子，这对夫妇从一开始就聪明地抵制了那满是添加剂的加工食品以及那被空调装置支配的虚假文化。历经多年的木制房屋、节俭的生活作风，我们难得地感受到了“爽快的贫困”，整个心灵似乎都受到了洗涤。

在永井老师家里，我们从下午待到了夜晚。他在这五六个小时里为我们讲述了许多内容，这些内容充实到其本身都可以称得上是日本教育的历史。其中，最令我们印象深刻的便是，永井老师小时候遇到的教师所展现的形象，这也塑造了长大后的他的教师形象。

其中一位让永井老师印象深刻的教师是三宅老师，三宅老师当年是他小学一年级的班主任。据说永井老师小时候非常调皮，开学典礼当天，他把坐在前面的同学的头扣在了课桌的盖子上（当时的课桌是可以拆下桌面的那种）。老师立马让他到黑板边去，一边用手捧着他的头向左向右地转给大家看，一边说“大家可不能像永井这么做”。这件事以后，小永井一下子意志消沉，变成了不爱表现的孩子。

三年级的时候，小永井的班主任换成了年轻的菅谷老师，他刚作为下士结束了兵役。当时，大多数学生还都穿着和服上学，根据和服的种类，大家可以清楚地分辨出每个人的家境如何、处在哪个阶级。穿和服的学生们被分为五个层级，自下往上分别是穿竖纹的筒绣、在竖纹筒绣基础上挂着围裙的，碎白点花纹的和服外套着短外褂的，穿着和服裤裙的，穿洋服的。孩子们的学级也由此决定。小永井算是倒数第二个等级。一天，小永井的朋友津田三六正在课上重新系腰带。老师看见后立马训斥道："腰带这东西，除了要睡觉的时候和要起床的时候，其他时候都不能去碰。"他还让三六少年光着身体站到了走廊上去。小永井看到后十分生气，觉得老师做了一件极其过分的事。永井老师告诉我们："（我）憎恨基本人权受到侵犯的感觉、选择站在弱者的一边去反抗强者的性格，就是从那个时候开始萌芽的。"

五年级的时候，小永井的班主任换成了一位三十多岁的老师。虽然现在的永井老师早已不记得当年这位老师的名字，但他这个人却给永井老师留下了深刻的印象。小永井当时各科成绩都是乙等，经常被父亲骂道："即使都是乙，但如果没有甲，就还是没有用。"一天，学校里有观摩课堂的活动，许多老师都来旁听小永井班上的课。这时，他被老师叫起来朗读课文。读完后，老师一反常态地表扬了他，而且还是非常郑重地表扬。在那之后，原先并不喜欢上学、对老师们也没有亲切感的小永井开始爱上了学习。

在高等科时，小永井遇上了一位叫高桥卯平的美术老师。那时候的美术课，大多都是让学生进行临摹。但高桥老师受到了山本鼎自由画运动[①]的影响，经常让学生们去户外写生，让他们

---

① 随着一战后世界范围内民主运动的高涨，欧美国家的推崇个性和创造性、以儿童为中心的自由教育思想给了日本教育界极大的震动。当时许多日本教育家非常重视以培养儿童创造性和陶冶情操为目标的艺术教育，由此掀起了自由画运动。

“把看见的东西画下来”。小永井也由此开始喜欢上了画画。

高等科二年级的时候，小永井的英语老师叫小川久三郎。小川老师会在讲台前盘腿坐着，会抱着扫帚模仿弹筑前琵琶的样子，学生们学得好的时候，他也会跟着一起雀跃。这样能打破规则、自由上课的老师真好，还是个孩子的小永井这样想着。

此外，大岛直老师也让小永井深受感动。当时，学校的修身时间规定学生们要背诵、抄写教育敕语，但大岛直老师没有让学生们做这些事，反而讲起了时事问题。永井老师清晰地记得，当时的大岛直老师还提到了关东大地震时许多朝鲜人遭到虐杀的事。“说起日本人去朝鲜做了什么，大家在朝鲜种上了南瓜，藤蔓蔓延到的地方都被纳入大家的领地，建起了房屋”——大岛老师也提到了这件事。虽然他没有用“侵略”这个词，但确实说的就是这样一件事，永井老师至今都没有忘却。作为教师，要把重要的东西教给学生，哪怕这些东西并不是教科书上的内容——永井老师的这一想法在那时候就萌了芽。学生们去大岛老师家玩耍时，他也常常借机给孩子补习。永井老师下了决心，要成为像大岛老师一样的老师。也是在大岛老师的推荐下，少年的永井老师之后去了岩手师范，走上了教师的道路。

从小就能敏锐地判断出什么样的老师是好老师、什么样的老师是坏老师，永井老师的尖锐眼光不由令人惊叹。但除此之外，更让我们深受感动的是，他长大后也一直没有忘记初心，成了孩子们眼中的好老师。他这个人，就像是为了孩子们而来到这世界上的。

在这断断续续的对话中，我不止一次地感受到这份一代代传承的事业的重量，也不由得思考起投身于这份事业的人，他们的资质在这份工作中的重要性。

那么，这位在集会上读了《汽笛》、讲述了生活写作方式运动、随之在一九四〇年被捕的及川均，现在怎么样了呢？结束岩手县采访的我们回到了东京，在东京见到了他。在东京神田的一家出版社里，及川先生眯着眼，像是对那段记忆充满了怀念。现在的他是一名诗人。《横田家的鬼》《燕北章》《第十九等官》《海上花火》等诗集都是他的作品。在为我们讲述了岩手那段黑暗时期的回忆后，及川先生在作文纸上为我们写下了这首他在一九三七年年末创作的诗：

松本德的飞机
松本德（为战争）捐了一钱
松本德父亲每天赚六十钱
松本德姐弟六人雨天在昏暗的屋子里吵闹
松本德家在郊外挂起了灯笼
松本德没带铅笔去学校心急如焚

内心并非“民主主义”

在“每个人身上都有美丽的种子”这一节中，我们提到了菅原恭正老师。菅原老师是在遇到永井庄藏老师后才开始懂得教师之道的。

战后，永井老师组织了胆泽教育恳谈会，希望能对战前生活作文教育运动的历程进行梳理。恭正老师也参与了那次的恳谈会。

“那次恳谈会让我感觉心灵受到了洗涤。大家都是自费去的，从很远的地方去，在那里集合。参与这种自发的研究活动，我能感觉到自己开始有了变化。被永井老师关注、被协会的老师们激励、在那里成长……”恭正老师说道。教职员组合成立，他成了组合成员，但也还是会给农村出身的自由党代议士投票，“二一”总罢工[①]时也做了反罢工的演讲——这位前陆军少尉最终成了积极的组合活动家。不过，组合委员倒也只是分会，还是支部级别的，县教组的专从委员他还是没当上，只停留在了候选人阶段。

恭正老师笑着告诉我们：“别看我都这个岁数了，参加组合大会发表的也还都是少数派的意见，然后被大多数人反对。修正动议[②]也都是赞成少数，最终被否决。”

“但是吧，觉得‘奇怪的东西’，就要老老实实地说出来。”

这个“奇怪的东西”究竟是什么呢？恭正老师以其尖锐眼光发现的，正是存在于组合成员教师中的“非民主主义特质”——“连和同伴们团结一致、共同战斗都做不到，只会嘴上告诉孩子们‘民主主义’多重要、要尊重基本人权。试图在同年级里寻找伙伴，但这种老师之间结成的情谊，也多是虚假的心意相通。当然，我们也并不能因此就说，参加了罢工运动的老师就是伟大的老师。”

---

① 指一九四七年由日本共产党与日本右翼势力发动的罢工，旨在推翻吉田茂政权，建立民主人民政府。

② 一项议事程序，旨在修改或润饰主动议。

那些在音乐会上为了让演奏不好的学生不发出声音，而在他们的响板上用胶带裹上纱布的老师；那些因为孩子们没做作业就罚他们打扫厕所、坐在校长室前走廊上的老师；那些只会照本宣科，强行让孩子们赶上自己的教学进度，抛弃跟不上学生的老师；那些对和平、人权、团结只字不提，满嘴虔诚、守本分、节制、感恩，教育“道德”的老师；那些通过教唆其他年级家长向发行了年级PTA[①]报纸的家长施压的老师……关于“非民主主义特质”，恭正老师为我们一一举例。

“关注是什么让老师们会这样做，与这些促使老师们这样做的敌人作斗争，一般来说是很重要的。但是，我们也不能因此就停止告发同伴中的“非民主主义”行为。虽然有时候告发这件事比和敌人作斗争还要痛苦，但为了确立“民主主义”，这是不可避免的道路。不然的话，我们将无法联合家长、学生一起推进‘教育斗争’，在‘经济斗争’与‘教育斗争’中也难以获胜。”

然而，这样的告发也是对恭正老师自己的告发。他曾在一所小学担任了十二年的教职。当时，他写了一首名为《教室是错误的场所》的诗，并贴在了教室里。上课时，他用“听不懂的人请举手”取代了“听懂的人请举手”。布置作业时，他没有选择市面上的练习册，而是选择了《简单易懂的算术》《日语》。考试的试卷，他总是会提前印好两份，学生们第一次不能全做对也没事，他的目标是大家能在第二遍的时候都做对。改卷的时候，他会用红笔给做对的地方画圈，但对于做错的地方，他也不会画叉，只要孩子们能把错误答案修正过来，就还是会给他们画上

① Parent Teacher Association的首字母缩写，也叫“家长教师联合会”。

圈。这样一来，孩子们为了能让自己卷子上的所有题都被画上圈，都主动留下来学习。他让先学会的孩子们当小老师，去帮助那些还没学会的孩子。虽然地区活动、组合活动、协会活动让他忙得不可开交，但他还是十分重视每一节课，也骄傲地认为自己是一位“民主主义”教师。

但是，有“但是”。

恭正老师每学期都会让家长们匿名给自己的工作做评价。评价表上设置了以下十一项内容：

①教学是否通俗易懂

②是否在教授真实的内容

③是否激起了学生们的干劲

④是否对学生们区别对待

⑤是否亲切地对待每一名学生

⑥是否努力学习、培养了作为教师的能力

⑦是否让学生们变得阳光开朗、积极向上

⑧是否培养了学生们的自主性

⑨是否满足了家长们的诉求

⑩是否强化了与家长们的联结

⑪是否尝试让家长们理解教育

一年学期末，恭正老师看了家长们的评价表后大吃了一惊。因为评价最差的竟然是其中第四项的“区别对待”。问卷最后的意见里大多也都是“所有的孩子都请不要放弃，要教到底”“请平等地对待每一个孩子”“请不要以学习好的孩子为中心，要让每个孩子都能学会”“请不要区别对待学生”等内容。

被这样指出后，恭正老师倒也想起了一些事。选戏剧主角时，他十分果断地选了声音很大、感觉能马上记住台词的孩子；选学生参与音乐合奏时，他选的是上培训课的学生去演奏钢琴和木琴；班长一直是同一个学生在当，这件事他当时也没在意……

虽然嘴上说着“孩子们不能集中注意力学习并不是孩子们的错，而是因为老师课上得不好”，但在班级内部竞争中还是加入了“集中注意力学习”这一目标，驱使孩子们参与以管理主义为上的竞争。

恭正老师认为，必须要指出这种藏在教师内心中的“非民主主义”思想，包括他自己。

我内心的“非民主主义”思想——在战后的这三十年间，一直在我身体的深处生长。就像粘鸟胶一样，无论怎么擦，都还是黏糊糊地缠在我的心上，如同恶魔一般。听到恭正老师这样说，我也不禁思考，我体内的“非民主主义”思想有多根深蒂固呢？因为战败，按理说我们终于意识到了人真正地像人一样生活的伟大价值，但从现实来看，我们是没有到达真正的觉醒、再次被拉进了支配黑暗时代的价值体系的浅眠中？还是说，被“繁荣”轻易地欺骗，成了贫困精神的簇拥者？在和恭正老师的对话过程中，战后这三十年间积攒起的这些那些“非人性”元素以及允许它们存在的社会体制在我的脑海中挥之不去。

教师生涯的第二十八年，恭正老师第一次体验了残障儿童教育。在这一过程中，他似乎每天都有新的发现。他的班上有一个孩子行为出格，那个孩子有一次朝自己的朋友扔石头，把对方都砸出血了。如何才能让这个孩子不再做出出格行为呢？光是残障儿童这一点就让这件事变得不那么容易。在这种情况下，恭正老师先是开始了区别练习，让孩子们区分“什么是钱能买到的、什么是钱买不到的”。他一件一件地拿起残障儿们认识的物品，让他们说出这些物品可以在哪里买到。

“那老师的手呢？”

“脚能在哪里买到呢？”

像这样，恭正老师要让孩子们知道人的生命和身体是用钱也买不到的。上课过程中，如果有学生说“老师，我肚子痛”，他就会回应道：“那赶紧去街上买一个肚子。”学生也会进一步回应：“肚子这东西，没得卖的。”就在这不停地重复“买得到、买不到”的过程中，孩子们有了新的感受——教室里养的蟋蟀死了，大家也会开始感到难过。

“以前教普通学生的时候，我会把越南战争的照片带进教室，给学生们讲战争的事，让他们写感想，或者是展开‘写给越南的信’征文活动，表扬那些征文得奖的学生。当时我很骄傲地觉得那就是和平教育。但是，当时的那些孩子现在到了中学二、三年级，都不会去想与和平相关的内容……最近和这些残障儿童相处，我开始觉得，让孩子们切身地体会到生命是很重要的，活着是一件非常不容易的事，别人的生命和自己的生命一样重要，这些才是和平教育的基础。”

“不要再把学生们送向战场了”——这句宣言诞生于一九五一年。在那之前的一年，朝鲜战争爆发，再次扩充军备的思想在日本兴起。毫无疑问，一九五一年的这句宣言里饱含了深感危机的教师们殷切的希望。现在看来，它已成了象征着时代错误的语言，不再为人们所使用，离教师们的日常生活也是十分遥远。

但是，只要我们试着重新理解这一贴近教师的想法——“让孩子们充分地感悟到生命的尊贵与活着的喜悦，让他们充满正义感，让他们饱含对同伴的好意，将他们培养成能真正地像人一样生活下去的人，这才是‘不要再把学生们送上战场了’的保证”，这句宣言对老师们来说就应该还是一面鲜艳的旗帜，或者说，希望它还是。战后第三十年的夏天，对恭正老师的采访，让我对教师这份工作的分量有了新的思考。

来自山峡的信笺

岩手县老师们的故事登报后一个月（九月末），我们收到了下闭伊郡岩泉町安家坂本分校阿部真彦老师（“抵抗逆流”这一节中有所介绍）的来信。

还没拆开信封，关于那个夏天清晨的记忆就已经苏醒过来——太阳刚爬上山头，整个山峡的阳面都反射着透亮的光芒，黄莺清脆地啼叫着，孩子们的欢声笑语也此起彼伏。

信纸上排列着阿部老师清秀的字体：

好久不见。谢谢您前些天寄来的三越[①]的点心。收到的第二天我就带去学校和孩子们一起分掉了，他们很高兴，连说了好几遍“真好吃”。还有的孩子把包装纸也收集了起来。

---

① 东京的一家商场。

真的非常感谢。

坂本现在已经完全进入秋天了。早晚不仅是凉爽，甚至还有些寒意。山上的各种蘑菇也长到了可以采摘的季节，松蘑、香菇、口蘑等。栗子的季节也到了，我和老师们商量：“作为回礼，要不寄点栗子吧……”

我拜读了您发表在《岩手日报》上的文章。第一次在报纸上读自己的故事，觉得很难为情。学校的其他老师现在也是每天都很期待地读着，一直在问我：“是哪篇？哪篇？”

五年级学生修在打扫教员室的时候，很大声地把报纸内容读了出来。读到利秋和高子名字的时候，围过来的学生们就会发出欢笑声，利秋自己也会微笑着围过来。我真的觉得很感激，您能把坂本分校的老师、孩子们以及其他所有人的事情都写进文章里，而且为了写这么一篇东西，您当时来了分校三天。“好的报道是得用脚才能写出来的”这句话真是没错。

文章发表之后，我们也收到了很多鼓励的来信。其中一封还是来自我当年在高知县的同学。刚看到他的名字时我并没有反应过来，读到“毕业于台湾新竹师范学校”时才知道可能是同学。我赶紧翻了当年的毕业相册，发现我和他当时是一个班。此外，还有一些素未谋面的人的来信。在这样一个山沟沟里收到大家的来信，不管它们来自哪里，都让我们有一种得到了“八方支援”的快乐……

一天，我去了一趟报社，当时因为忙于采访已经好久没去了。桌子上放着一个小包裹，特别重，是阿部老师寄来的。一打开，一堆栗子从里头滚了出来。据说都是分校的孩子们去山上拾来的。毫无疑问，孩子们一定是非常努力、非常认真地捡起这一颗颗栗子。我把这些可爱的、棕色的颗粒一次次地放在手心，细细地感受了一番它们的香气——有淡淡的、大山的味道。

阿部老师的信如下写道：

这里迎来了第一个冬天，连续好几天的气温都是白天零下两度，清晨零下七八度，也下雪了，虽然没有多大，但整个学校的操场也还是变得白茫茫一片。因为寒冷，雪花干燥清爽，刮风的话，感觉都能被风吹起来，所以堆雪人、打雪仗还是不行的。但是天冷了就会让人担心起水管会被冻住。所以我们现在都是昼夜不分地开着水龙头，确保水管里的水一直处在流动状态。如果不这样做，水管里的水马上就会冻起来。天气好的时候，我会在操场上踢足球。阴天和下雪的日子，我会把办公桌移到炉子旁，在那里学习。

其他老师也都很好。小笠原老师现在在教二年级九九乘法表。她有时会用瓷砖、有时会让学生们默写，也就是用所谓的“水道方式”[①]。同时，她还开始讲起了校内的观摩课（是她自发要讲的）。在她的影响下，我也开始讲起了国语的观摩课。说是国语，最主要还是“语法”相关的课程。“语法”什么的，您可能会觉得和这里的孩子完全搭不上边，毕竟他们中的大多数人连“を”“は”“へ”都用不好。所以，要教好他们语法，我觉得首先要让他们有“词汇意识”，然

① 日本数学学者远山启、银林浩等人提出的教学理论。

后在此基础上让他们认识到“助词是跟在名词后面使用的”。否则，不管说多少遍“おでなくを”“わでなくは”都没有用。我现在在三四年级课上用的国语课教材是《日本语三（上）》……

读了“正常化学校”的复印稿（之前的报道），我开始重新思考起“何谓教育”——正如文章的标题。同时，我也迷迷糊糊地开始感受到，为了学生们而存在的学校这种职场的珍贵，以及开始为自己感到骄傲，因为为了孩子们的这个职业，我一定没有选错。

虽然大家都认为岩手是一个落后的地区，但是听说有一个叫作西藏的地方，那里虽然比较落后，但还是有一些当地的学校在思考、践行着真正的教育，这让我觉得是一个奇迹。为此，我也想要更加努力地和孩子们一起走下去……

一九七六年（昭和五十一年）四月，我们再次收到了来自岩手的包裹。这次的包裹是和阿部老师同校的年轻女教师小笠原美惠子老师寄来的，里面有短短的一封信和一本文集。文集是她亲手做誊写版印成的，里面都是二年级孩子们的作文。

我去分校采访的那天，学生美奈子因为要转校而不舍得和老师、同学们分离，蹲在操场上大哭。结束了学校的采访后，我去了美奈子的家。她家离学校有七八千米，在靠近安家中心的安家元村。

连接分校和安家元村的道路是一条细细的小路，感觉是人走出来的那种。据当地人说，那条路是一九三七年，日军全面侵华战争开始的那一年开始测量，花了五年时间才修成的。修建道路的工人都是当时国家征用来的朝鲜人。得知了这个原先支撑着帝国军队的壮丁产地、战争牺牲人数最多的偏僻山村又多了一些朝鲜苦役的痕迹，我开始觉得，这静谧的山河间，其实四处都是备受压抑的人们无声的呼喊。

美奈子的母亲之前不知道因为什么而和丈夫分离，把美奈子托付给了这里的人后，就去久慈市的舞厅工作了。采访的时候，她正要把美奈子接走。这位母亲看起来沉默寡言。美奈子从挂物架后看见了陌生的我，害羞地笑了起来。虽然要和分校的老师、同学分开是一件很难过的事，但见到了许久不见的母亲，她还是很开心的。据说美奈子的母亲一直住在舞厅的员工宿舍里，她的收入和传闻中的东京陪酒小姐的收入相比，也是天差地别。在山村里长大的这位母亲，要想带着孩子生存下去，大概也只有这条路可以走了吧。第二天，开着私家小货车的司机把仅有的一点行李搬进车里，载着这对母女离开了小村庄。

在那之后，美奈子过得怎么样呢？美惠子老师制作的文集名为《空》，封面上印着一首可爱的小诗：

圆圆的　小小的　天空
一直观看着　小小分校的　天空
从山的那边飘来　又飘到山的那边去的　云朵
云朵呀　伸开手就感觉能抓到的　云朵
美丽的　水蓝色的　形状各异的　云朵
写了不知多少次的　天空
小小的　圆圆的　天空

文集里，收录了美惠子老师写给大家的文章：

从今天开始就是三月了，大家马上就要成为三年级的学生了。你们还记得刚上一年级时的情形吗？妈妈牵着你们的手，你们穿着漂亮的衣服来参加了开学典礼。眼睛大大的美智子，脸圆圆、脸颊红红的小满，皮肤黑黑、看起来精神十足的孝司，弓着背不直起来的美菜子，扭扭捏捏像是小哭虫的照子，皮肤白嫩、长得可可爱爱却又到处调皮的美奈子，一共是六个好伙伴。

当时的大家，只有美菜子能认几个字，剩下的你们都没有读过书、写过字，也没有拥有过铅笔和绘本。因为都过去了才告诉你们，那时候的我可真是不知道怎么办才好，很担心大家。但是在跟大家相处四五个月后，我的担心慢慢减少了——大家是多么活泼呀！多么爱说话呀！多么认真地学习呀！有一段时间甚至都是“老师，我们不用玩的时间，用来学习吧”！被大家激励的我当时也决定要好好加油。一句话、一个字……从不知道到知道，大家眼里的光芒、喜悦那都是多么强烈啊！大家就像向日葵一样——向着太阳不断生长的向日葵。大家的身体里一定都藏着一颗大大的种子。

这本文集里收录了几篇二年级学生写的作文。转校的美奈子，我们也给她送上一本。美奈子现在应该也在新学校努力着吧。今后，大家也要好好珍惜身体里的种子，并加油拥有更多的种子哦！

文集的最后也附上了美奈子写给分校孩子们的信，信里是这样写的：

> 大家晚上都做什么样的梦呢？我每天都做和大家一起玩耍的梦。

V

游戏玩家

应试战争如火如荼地进行着。

这不仅对每晚搓着惺忪睡眼备战考试的孩子们来说十分艰难，对于孩子们的父母来说，每一天也是十分压抑。

即便如此，这个制度还是存在着。说得夸张一点，这是一座让一亿人提心吊胆的学习地狱。

在这样一个旋涡中，孩子们在被迫竞争着什么？

用分数代表的学力是真正的学力吗？

如果学习成了一种对完全算不上知识的碎片信息的填鸭式竞争，这毫无疑问将会是我们面临的最大的社会损失。

真正的学力是什么？

有没有能让学生们获得真正学力的学习？

然后，学校是做什么的场所？面对着眼前这日渐严峻的、地狱般的景象，我们需要回答这些朴素的提问。

我们走访了各处的学校，将目标锁定在了一间教室。

（采访时间：一九七五年十二月至一九七六年二月）

文中学生姓名皆为化名

一　泥孩子班　一

我的老师叫藤近

城楼中　从国铁静冈站出来，穿过站前商店街走上个十五六分钟，就能来到骏府城遗址。外护城河与内护城河间坐落着一幢十六层楼高的行政大楼，市立青叶小学就在这幢楼的旁边。学生数六百八十四人。由于校区就在车站前的商业街附近，这里六成的孩子，家里都是开小卖部、开饭店、开旅馆的。

这是第三学期开学的早晨。太阳刚刚升起，阳光照射在行政大楼的墙壁上。由于学校操场的周围都是高楼，现在没有享受到阳光。二年级二班的教室在教学楼的一层，面向偌大的操场。教学楼本身是水泥建筑，共有三层，坐落在操场的南边。

早上七点半，学生小刚最先来到学校。由于天气很冷，他的嘴里呼出了不少白气。紧接着是学生和江和幸弘。

重重地推开不太灵活的教室的移门，老师走了进来。

“呀，藤近，今天好早呀!”

“今天是第四个到的哦!”

孩子们喊着。一米六八的个子，身材均匀。棕色的高领毛衣外套着运动服，下身是带有白条纹的蓝色运动裤，然后是有点不搭调的红色袜子——这便是这位老师的制服。

他的瞳孔又大又圆，脸晒得有些黑，笑起来让人觉得亲切又可爱。不知道是不是天然卷，长长的头发卷得厉害，对了，就说总感觉在哪里见过，他长得跟电视里的搞笑艺人、那个让人大笑不止的藤村俊二[①]可以说是一模一样。

把“藤近”倒过来，便是这位老师的姓名，近藤贞巳。但是，会用真名称呼他的学生，一个也没有。稍微谨慎点的时候，大家会叫他“老师”，但是马上又会变成“藤近”。明明是一位三十九岁、拥有十七年教龄的老资格教师了……

泥球　孩子们慢慢都来了。大家盯着近藤老师的一举一动。班上最吵的学生隆一走到了他的身旁，摆好了架势，以防他突然“暴走”。近藤老师将挂在身上的棕色帆布包放在了讲台上，脱下了运动外衣。来了，果然!

“你这家伙!”

“啊……”“哒……”

近藤老师冲进来了，到孩子们中间，不论男孩女孩，一会儿把他们按在地上，一会儿把他们举着转圈。“你这家伙!”“喂，藤近!”整个教室一下子乱成了一片。每个孩子都想和近藤老师玩，兴致勃勃地做出了“打斗”准备。

八点半，近藤老师的教室里传来了孩子们的合唱声：

我们大家　都是泥孩子

① 藤村俊二（一九三四至二〇一七），日本声优、演员，代表作品有《黑执事》。

因为是泥孩子　所以都是好朋友
大家一起　整个班一起　团结一致……

这是《手掌向太阳》的旋律。每个孩子都拼命地扯着嗓子在唱。

“如果有一个人冲到了前面，大家就要冲上去将他包围起来。一个都不能落下，大家要成为一个泥球，一起前进”——出于这样的心愿，近藤老师给这个班取了个名字——“泥孩子班”。清早的合唱便是泥孩子班战斗开始的信号。

日本东北的民间故事　转眼就到了这一天的第五节课国语课的时间。因为正好是例行的家长参观日，教室里来了很多位孩子母亲。课上，近藤老师给孩子们读了一个传说故事。这个故事叫《力太郎》，是一个主要流传于岩手县北上地区等日本东北农村的民间故事。

故事梗概是一对贫穷的老爷爷和老奶奶因为没有孩子，就用自己洗澡时洗下来的脏东西做了泥娃娃。老爷爷老奶奶把泥娃娃当作真的孩子一样给它准备米饭，泥娃娃竟在不知不觉中长成了一个会吃饭、会说话、能挥动几百斤铁棒的大力士，后来还在村里帮村民们打起了妖怪、干起了活……

异想天开的情节中，寄托了广大贫苦农民的梦想与希望，大人们读起来也觉得十分有趣。

下课后，近藤老师对孩子们的母亲说：“第三学期，我将会通过力太郎的故事，给孩子们二年级学的国语做一个总结。希望能让孩子们获得真正的国语学力，能将学到的东西融会贯通到以后读到的所有故事里……”

近藤老师的课程究竟会如何展开呢？我们决定借用这个教室的一角，从这天开始，追随泥孩子班的学习脚步。

一个小时三行的浓密课堂

誊写教师 近藤老师每天都会用誊写版制作《泥孩子》的学级通信，三四页左右。一般来说，老师们最多一周发行一次学级通信，仔细的老师也只是一天一页纸，但近藤老师至今为止保持着一年发行了七百四十二页的最高纪录。由于小学每年的标准上课日只有二百四十天，算下来每天平均得有三页内容。

《泥孩子》的每一页都以插画、问答的形式生动地记录着教室里发生的事、课堂的样子。这样一来，家长们就像在孩子们身边一样，能见证孩子们成长的每一个瞬间。

“以前的我也有过比较傲慢的时候，想要去启发家长，强行让他们写感想什么的。现在的话，更多是抱着评价、反思自己的心态在出《泥孩子》。因为如果有哪天没有好好上课、没有好好关注孩子们，在记录的时候，就会完全想不起来孩子们的样子和他们说了什么话……”

很快，《泥孩子》上也出现了我们的身影。

“从今天开始，社会部的记者会跟着采访‘力太郎’的教学课堂。据说他们将为此在静冈住下……”

“手工教科书” “好了，大家每个人都要好好努力学哦！学得越好，就能学到（故事的）越后面。如果不好好学，没学多少，课堂时间就过去了。好了，那么从最开始的地方读起吧。”

“好!”“好!”大家立马回应道。

“泽田，你先来吧。”

“很久很久以前，有一对非常之贫穷的老爷爷和老奶奶。因为他们很少能洗澡，所以浑身都是脏兮兮的。有一天，老爷爷对老奶奶说：‘我们啊，已经上了岁数，没法生孩子了，但至少用我们身上洗下来的泥做一个娃娃吧……’”

孩子们读的，并不是教科书。其实在这之前，近藤老师把教科书（东京书籍发行）和绘本（著：今将祥智，图：田岛征三）的《力太郎》都读给了孩子们听，让他们选出觉得有趣的版本。

泽田读的这个版本，接下来的情节是老爷爷老奶奶用身上洗下来的泥做成的娃娃，突然伸出了手，大口地吃了起来……而教科书的版本却只有“很久以前，在一个山村里出生了一个男孩子”一句话，全文也只不过一千八百字。相比这满是“です”(句型：什么是什么)、“ます”(句型：谁干什么）表达的教科书，绘本有三千五百个字，其中还掺杂着方言和拟声词，生动有趣得多。每个孩子都阐述了自己的理由，把票投给了绘本。于是，近藤老师便把绘本里的文字抄写了下来，开始用“手工教科书”上起了课。

“非常之……” 讲完第一行的“很久很久以前”之后，紧接着便是“非常之贫穷”这一表达。

近藤老师刚抛出问题“大家注意到第一行的表达里有什么特别的地方吗”，就有两三个孩子迅速地举起了手。但是近藤老师并没有马上让他们回答，而是继续等待：“大家注意到的任何特别的地方都可以，有没有呢?”

这时，坐在后排的一个学生把手挪到了旁边。近藤老师马上注意到了："哦，田中！手举得这么高了呢，你来说说！"

"非常之……"田中小声地回答道。

"嗯，没错。找到了一个非常好的地方。"随之，其他同学也都举起了手。"好的。""好的。""哦，那就隆一。"

"那个，就是这里有一个重复，和普通的形容'贫穷'不一样，感觉比一般程度的贫穷更贫穷……"

"怎么样，大家觉得隆一说出来了吗？"

"说出来了。""是的。"

看到学生们的反应后，近藤老师让一个孩子念："很贫穷……"另一个孩子念："非常之贫穷……"等他们念完后跟大家又确认了一遍："怎么样？"孩子们一下子都认同了"非常之"更能表达出"穷得叮当响"的感觉。这时，近藤老师让大家再次从头读起，这一遍，大家一个字、一个字地，充满感情地完成了朗读。

就这样，一个小时里只学了三行的内容。但是孩子们似乎都被带进了"力太郎"的世界里。

这一天的学级通信《泥孩子》里，出现了这样一篇小短文。

短文开始前先是三幅小插图——手肘朝着斜下方放的孩子、手举到肩膀高的孩子、手高高地举过头的孩子。三幅画还被分别标上了序号：

> 给汽车指向的田中。田中是一个话不太多的孩子。图一是一直以来的他（正准备举起手）。但是从两三天前起，他在课堂上变成了图二的样子，这是一个进步。今天，他非常大方地在课堂上做了发表，只差一点点了，要加油哦！没什么好害羞的！

一　儿童和语言　一

安排了演出环节的爆笑课堂

最高的荣誉　“……所以他们勉强地给自己烧了水，开始泡起了澡。当他们搓下身上的泥，不对，是这些泥自己不断冒了出来、冒了出来。就像是小蘑菇一样，一个个地，冒了出来。老爷爷老奶奶便将它们都集了起来，做成了一个小娃娃。老奶奶眯起了眼说，虽然黑是黑了点，但真是个可爱的孩子。他们将它取名为泥娃娃。这么一叫……”

朗读课文的是真佐。他一口气地读了下来，不论是“冒了出来、冒了出来”“一个个地”，还是老奶奶说的话，他都读得抑扬顿挫。教室里一片安静，孩子们都沉浸在了真佐富有感情的语调之中。

“好，就读到这里。”

真佐停了下来，教室里立马响起了孩子们的掌声。“呼……”“嗯！读得很好。看来要拉一个万岁小熊了。”近藤老师说道。“是得万岁小熊了。”孩子们也嚷嚷了起来。

泥孩子班的黑板右上方挂着一个小小的木制小熊玩具。只要拉一拉下面的绳子，小熊的手就能上下挥舞，像是在呼喊着“万岁”。拉下绳子、让小熊做“万岁”的动作，这对泥孩子班上的孩子们来说是最高的荣誉。但是，这荣誉并不是由近藤老师一个人决定的，而是要由全班同学一起决定。不过，真佐读的课文让大家一句反对也没有。

个子小小、眼睛大大、一直红着小脸的真佐，高兴地跳了起来。他跑向了黑板，充满气势地拉下了绳子，两次、三次。咔嗒，咔嗒。

“哦哈！”“耶！”

好久没被拉下的万岁小熊让全班孩子都接连发出了欢呼、拍起了手。近藤老师也跟着孩子们欢呼了起来：“耶！”甚至还伸出手和腿扎起了马步，一副搞笑的样子。

泡澡场景 看见近藤老师的样子，户塚马上说：“老师你就会这样。”近藤老师回答：“那我也想要拉万岁小熊嘛。”“那你拉呀！”“那大家让我读一读吗？”“嗯，好呀！”

就这样，近藤老师读起了课文。他用的是老爷爷般沙哑的声音。

“我俩年纪都已经大了，生不出孩子了……”近藤老师的声音与平常非常不同，引起了全班同学的爆笑。他读完后，全班同学一起说：“不错！可以给万岁小熊了！”唉唉唉，一时让人分不清到底谁是老师谁是学生了。

弯着腰的近藤老师愉快地走到了黑板边，庄重地拉起了小熊的绳子。

“耶！”“耶！”孩子们的欢呼声响彻了整个教室。

“好，接着往下咯。”

近藤老师把教室的气氛控制了下来。接下来是老爷爷老奶奶泡澡的情节。只见黑板上贴着一张纸，纸上画着两个人物泡澡的场景。那是孩子们在之前的国语课上画的。

“这画画得怎么样？老爷爷老奶奶看起来很舒服的样子呢。对了，这两个人可能在说着什么呢。大家用三十秒想想，他们会在说什么呢?”

孩子们开始在本子上写了起来。

“那么，就让大家到讲台前面来讲讲吧。高山是老爷爷，绿是老奶奶。”

近藤老师把风琴放在了他俩身前：“这是泡澡桶，因为没有毛巾，就用这个吧。”说着他便把中午分餐时戴的白帽子[①]递给了高山。

“好了，老奶奶登场了。”

绿在风琴前蹲了下来，一边模仿着烧柴火的动作，一边说道。

“老头，怎么样，舒服吗?”

高山虽然高高胖胖的，但实际上是个温柔、胆小的家伙。他一开始红着脸，扭扭捏捏地说不出话。在近藤老师的催促下，终于开了口：“很舒服哦。”

冒冒失失的声音一时让大家捧腹大笑。

开幕教师　“那就再来一组”。

“我。”“我。”“我。”

每个孩子都想试一试，有的甚至直接冲到了讲台前，这次选中的是吉野和智慧。

---

① 日本人在泡澡时会把毛巾搭在头上。

近藤老师不知道什么时候走到了教室的角落里，假装手里拿着什么的样子，从教室的一边快速地走到了另一边。

“大幕拉开了哦。”

“老头，你说咱们能洗出那么多泥来吗？够捏一个小娃娃吗？”智慧问道。吉野先是顿了一下，然后不紧不慢地说了句：“冒出来了，冒出来了。”

这样一来，整个教室又陷入了爆笑的旋涡。

这一天的课程把我们这些观摩的记者也卷了进去，每个人都大笑了好几回，差点忘了还要写采访记录。确实，教室里的每一个孩子都纵身跳入了“力太郎”的世界。可即便如此，我们还是有些担心，这样闹腾的课堂是否能让学生们真正地学到国语知识呢？那时候的我们并不知道，接下来还会有更颠覆常识的课堂在等待着我们……

百斤铁棒嘿哟嘿哟

泥娃娃吃东西　“力太郎”的课程进行到了接下来的这一幕：贫穷的老爷爷老奶奶用从身上洗下来的脏东西做了一个泥娃娃，把它当作真的孩子一样给它盛饭并递到它面前时，泥娃娃突然伸出手接过饭碗，吃了起来……

“老爷爷老奶奶虽然吓了一大跳，但还是非常高兴。他们总会给泥娃娃准备很多的米饭。泥太郎也总会大口大口地把老爷爷老奶奶为自己准备的饭吃下去。”

近藤老师把孩子们的注意力引导到了这个“总会”上。“堀川，你来说说这是什么意思。”“‘每天的早中晚一日三餐都……’的意思。”堀川回答道。这时，只听坐在前排的佐藤大喊了一句:“这不理所当然嘛！我家也总是一日三餐吃饭的。”

此时，近藤老师进一步提出了问题:“所以是理所当然的吗？堀川你觉得呢？为什么明明是理所当然的，还要在这里专门用‘总会’这个词呢?”

“那个，因为老爷爷和老奶奶非常贫穷，他们自己只有一点点食物可以吃，但是他们希望泥太郎可以长得很高大，所以早中晚三餐都给它准备很多米饭……”

“没错，所以他们才会早中晚三餐，每餐都准备。所以说，这里的‘总会’是一个非常重要的词，如果没有这个词，我们就不知道老爷爷老奶奶是怎样对待泥太郎的了。接下来的‘很多’一词也是一个反映了老爷爷老奶奶心情的、非常重要的词汇。”

故事是关键　接下来让近藤老师停下来的，是跟在米饭之后的“は”一词。

他向孩子们提问，这一行中有什么值得注意的地方，只听从孩子们中传来了“‘は’在这里有点奇怪”的回答。近藤老师立马给出了回应，“难道是我抄的时候抄错了吗”，说着还翻出了绘本进行比较。跟大家一起确认了的确是“は”之后，他进一步追问道，那这里为什么不是“を”而是“は”呢?

“如果是‘は’的话，感觉就只有白米饭，可如果用了‘を’，就感觉除了米饭还有别的食物。”

“没错，说得非常准确。因为那是老爷爷老奶奶非常努力才换来的食物，所以泥太郎都吃下去了。所以呀，这里的‘は’十分重要。”

像这样，近藤老师在课堂上一边让孩子们朗读课文，一边不断追问，让孩子们思考、理解了每一个词其实都有很深的含义。

两三天后，故事终于到了前半段的高潮。一直以来只会默默吃饭的泥太郎突然大喊了一句："给我做一根百斤的大铁棒！"这对老夫妇吓了一跳，赶紧请了村里的十个年轻匠人"吭哧吭哧"地扛来了一根铁棒。

"那今天就让大家来扛一扛这大铁棒！"

孩子们开心地大叫，教室里一下子炸开了锅。其实，在这节课之前的手工课上，孩子们就一起做了一根大铁棒。大家一直在等着这一天的到来。

废品回收站 手工课时间，泥孩子班的教室就像是一个大型的废品回收站。近藤老师不知从哪里找来了搭建运动会入场大门时用的柱状大铁条，直径足足有十厘米，长有四米。大家把桌子和椅子移到了教室的后方，中间空出了一块宽敞的区域，然后把铁条架在了班上小个子同学的椅子上。

近藤老师把让大家从家里带来的旧报纸一张张竖着对折，叠在了一起。然后把每叠二十张左右的报纸裹在了铁条上，用绳子固定住。我们这些记者也看得蠢蠢欲动，上去跟近藤老师一起忙活了起来。铁条最后被裹成了直径四十厘米的大铁棒，表面还包上了一层红色的纸。可能是因为一直弯着腰在忙活，我之后明显地感受到了腰疼……

转眼就到了第二天国语课的时间。近藤老师搬来了两个体育课上跨栏用的栏架，把铁棒架在上头之后，孩子们便用水彩工具开始从两头涂了起来。没过多久，红纸上面涂满了黑色颜料的"铁棒"就完成了。

大家将完成了的“铁棒”横在教室后面，等待着用上它的那一刻的到来。

“大家要扛着它绕操场走上一圈。先轮到的是女孩子们。”

近藤老师、记者、班上的男孩子们一同把“铁棒”扛出了教室。班上的女同学共有二十位，大家费了好大劲才把铁棒扛到了肩膀上，但是一走起来，队伍就摇摇晃晃了起来。队伍行进了五十米后，“铁棒”已经从大家的肩膀落到了大家的手上，女孩子们用手抱着它艰难地前进着。

花了四分钟，女孩子们终于走完了一圈。接下来是班上的男孩子们，男孩子们相对有劲儿些，但还是花了两分钟才走完一圈。他们刚把铁棒从肩上放下，就听见近藤老师喊了一句：“再来一圈！”

“唉？”“什么！”“喂，我们还没休息好！”“我已经累死了！”操场上的喧嚣甚至引来了二楼的老师从窗户里探出了头。不知不觉，一个小时过去了，孩子们累得直接坐在了地上。

百斤重的真实大铁棒究竟有多么巨大，相信孩子们的身体已经有了答案。

充满想象的缓行列车

巨人的画　回到教室后，扛铁棒扛得气喘吁吁的孩子们还处在兴奋状态。近藤老师的课堂里会出现什么，真是让人意料不到，接下来又会是什么呢？孩子们似乎忘却了疲倦，兴致勃勃地等待着下一节课的到来。

“好，我们接着往下。绫，你来读。大家认真听。”

“泥太郎把铁棒当成拐杖，撑着它，‘唉’的一下站了起来，并且‘哈’的一声舒服地伸了一个懒腰。这懒腰一伸，只见他噌噌地长了个子，成了一个需要仰视的青年的模样。他挥舞起百斤重的大铁棒，那轻巧的样子就像手里拿着的只是一个萝卜。”

绫读到“‘唉’的一下”“‘哈’的一声”时，十分用力，把力太郎站起来时的气势充分表现了出来。

“好的，就到这里。泥太郎现在成了一个高到需要大家仰视的青年了呢。”说到这里，近藤老师把课间休息时就搬进教室的三米高梯子搬到了黑板左侧。只见他嗖嗖地登上了梯子的最高处，背对着孩子们坐在了上面。

近藤老师的面前挂着一张从天花板上垂下来的、对折后的红纸，那是由一张宽1.5米、长3.5米的红纸对折后做成的。近藤老师从梯子上伸出手，揭下了天花板上固定红纸用的胶带——“噔噔噔”，孩子们像是迅速发现了什么，发出了声音。下一秒，只见对折的红纸的一边垂了下来，一直碰到了地面。红纸内侧的图案也显现在了大家的面前——那是一张巨大的泥太郎的全身画像。

“来了！”

“哇，太酷了！”

力太郎的下半身故意被画得很大，就像是真的从下往上看时的感觉，双手则像是戴上了拳击手套。这幅画是近藤老师几天前在放学后独自完成并提前挂在教室的天花板上的。

心与铁棒　等孩子们都安静下来之后，近藤老师一边读着“他挥舞起百斤重的大铁棒，那轻巧的样子就像手里拿着的只是一根萝卜”，一边在梯子上用右手转起了力太郎的人像。

“大家快把眼睛闭上试试，眼睛闭上的人才能进入故事里哦。”

大家乖巧地闭上了眼。近藤老师紧接着发出了声音：“快看快看，泥太郎噌噌噌地长高了，他拿着大铁棒，一圈圈地挥舞了起来……怎么样，看见他在转了吗？老爷爷老奶奶吓得一屁股坐在了地上，从下边仰望着力太郎……怎么样，泥太郎能钻进屋子里吗？”

“不行呢，进不去的。”

“好了，现在大家可以把眼睛睁开了。老师想问一下大家，泥太郎为什么会站起来了呢？”

这是近藤老师抛出的第四个“为什么”了。“老爷爷老奶奶为什么要用洗澡洗下来的脏东西做一个泥娃娃？”“泥娃娃为什么大口地吃起了米饭？”“泥娃娃为什么会说话？”然后便是这第四个问题。

辉雄说：“因为老爷爷老奶奶给了他大铁棒，还一天三顿地为他准备米饭，他长了很多力气，想要让老爷爷老奶奶大吃一惊。”

晃说：“要是给我买一根大铁棒，我也会站起来。”

顺子说：“因为老爷爷老奶奶在捏这个泥娃娃的时候，是用真心、怀着对它的期待的……”

美枝说：“因为老爷爷老奶奶给他买了大铁棒，换我我也会拼命地站起来。”

生命力 还没等举手的孩子们都被点名说出自己的答案，这一天的课程就到了结束的时间。据说没来得及回答的孩子还可以继续在下一堂课上说出自己的答案。但是，近藤老师为什么要问这样的问题呢?

让我们打开正规的教科书看看吧。同样的情节，教科书里是这样写的:

> 男孩把那根铁棒当作拐杖,“嗯嗯”地发力，踩着地面站了起来。然后，只见他的身体一点点地膨胀开来，变成了一个相扑运动员般肥硕的大男人……

和孩子们使用的“手工教科书”比起来，眼前的这几行字，实在令人觉得索然无味。不仅如此，教师用指导书还建议老师们应该用四小时完成到此的进度。

与此相对，近藤老师到目前为止已经用掉了十个小时。如果算上制作铁棒和让孩子们扛着铁棒走操场的时间，得有十三个小时了。可就是通过这样的课堂，泥孩子班上的孩子们在不同的故事情节中充分发挥了自己的想象力，在近藤老师不断追问的“为什么”中充分地把出场人物的心愿、对他人的体谅、惊讶、快乐都内化成了自己的东西。

虽然这样的课堂就像缓行的列车，慢慢吞吞，但我们绝不能因此就忽视教师们在其中的努力——为了让孩子们发现国语鲜活的生命力而作出的努力。

— 创 造 —

令人吓一跳的手

谜之动作“老师接下来做的动作，大家一定要看好哦！”

一天社会课上，近藤老师站在了黑板前，一副让大家摸不着头脑的样子。

只见他默默翻起了讲台上的笔记本，一页、两页，缓缓抬头看了看孩子们后，他打开了一个小铁罐的盖子，从中掏出了一枚图钉，钉在了黑板上。紧接着，他又拿起了一支粉笔，在黑板上写下了一个“く”字。

孩子们完全不知道老师在做什么，呆呆地盯着。我们这些记者也想试着“破案”，把笔记本、图钉、粉笔的首字母拼了起来，可是好像并不能得出什么答案。

“我再做一遍哦。”

近藤老师把刚才的动作又重复了一遍。

“老师做的三个动作，都和一个什么有关，一个具体的东西……”

“手、手，是手……”吉野突然大声地喊道。

大家被吉野的声音吓了一跳，纷纷转头看向他。只见他正激动地朝近藤老师的方向伸出了右手。

“嗯，非常好。没错，就是手。是手在翻笔记本、把图钉钉在了黑板上。那大家都来说说，从今天早上起床到吃早饭为止，手都干了什么。”

“掀开了被子”“刷牙”“脱掉了睡衣”……

近藤老师把孩子们说出来的答案一一写在了黑板上，没多久，整个黑板就被写满了字。

没有手的国家　“那接下来，大家去‘没有手的国家’看一看吧。离中午分餐还有四十分钟，请大家在不用手的情况下准备一下分餐。”

分餐的时候，孩子们得套上白色罩衣，戴上口罩和帽子。这些都得在不用手的情况下完成。“哇”“好好玩的感觉”“来吧来吧”，孩子们兴奋了起来。近藤老师告诉大家可以用脚，于是所有人一起踩上了桌子，开始试着在不用手的情况下脱起了袜子。袜口很紧的仓田因为脱得比大家慢，显得十分着急。孩子们先去教室后方把装有午餐的袋子用嘴叼着套到了脚上，然后拖着来到了前方。接下来才是真正困难的地方了。

从袋子里取出帽子的过程十分艰难，系绳上因为沾满了口水，湿答答的。穿套衫相对来说还是容易的，最难的是怎么把帽子戴上。发现一个人戴不上，孩子们便两人、三人地合作了起来。

先是两个孩子爬上了桌子，面对面地坐下。等他们用脚尖把帽子上的松紧系带拉开时，第三个人便把头钻进去，这样就戴完了一顶。

口罩的话需要两个孩子。第一个孩子把口罩叼在嘴里，第二个孩子则负责用嘴把绳子拉到第一个孩子的耳后挂上。

我们中的一名记者也上前帮忙，试着帮胖乎乎的高山戴上口罩。可由于高山的脸蛋太圆，本次帮忙最终还是以失败告终。

最终，大家停在了系纽扣这一关前。

“好了，大家可以用手了。这些难题有了手一下子就可以解决了。”

在仅剩的一点时间里，近藤老师跟大家解释了人的手尤其是大拇指有多么重要。比如他让大家试了试，没有大拇指连纽扣都没办法扣上。孩子们带着惊奇的眼神重新认识到了“手的作用”。

折纸老师　泥孩子班教室的墙上贴着一张大大的画纸，纸上整齐地粘着一排折纸作品。气球、鹤、乌鸦、长颈鹿、五重塔……所有都是孩子们自己折的，加起来得有一百多种。

这是去年四月至十二月期间孩子们自己折的。每天清晨、课前的年级早会时间，孩子们会轮流当折纸老师，教班上的小伙伴们折纸。每个轮到当折纸老师的孩子都会向自己的母亲或者祖母请教折纸的技术。

从这个一月开始，折纸变成了翻花绳。比如，田鹤江最近教大家的花样叫“四段梯子”。孩子们的两只手上套着各色的毛线，认真地注视着黑板前“田鹤江老师”的每一个动作。

“先做出一个基本型。”“完成了！”“那就放掉拇指上的线。”“放掉了。”“接下来用大拇指从下面勾过套在小拇指上最后的那根线。”

没过五分钟，孩子们手上的毛线就被绕成了细致的图案。当然，其中也还有慢吞吞跟不上的孩子，这时，他周围的孩子们就会成为新的小老师，帮助他一起完成。

在社会课上教了“手”的内容，紧接着又是折纸又是翻花绳，近藤老师究竟有什么样的目的呢？人类用手创造了工具，进而通过使用工具创造了社会，发展至今。近藤老师是希望孩子们能通过发现“手的作用”，来感受、理解人类的伟大。这也是为什么他在一开始要让孩子们体验一番“没有手的国家”。

这样说来，他让孩子们一起做铁棒、让他们真实地演出老爷爷老奶奶的泡澡场景，其实和让他们体验、发现手的作用也是相通的。因为这样的方式能帮助孩子们通过具体的体验去理解语言表达。随着采访的不断深入，近藤老师的想法在我们这里逐渐浮现出了轮廓。

农村孩子的大米生产学习

破旧小车 下午五点多，一直在教室里忙活着给学级通信刻制誊写版的近藤老师站了起来。他急匆匆地把工具收了起来，朝着自己停在体育馆旁的私家车走去。说是说私家车，其实就是一辆玩具车般的迷你四轮小车，而且已经很破旧了，车身到处都是凹陷的痕迹，象牙色的车漆也早已发黑。我弯腰钻进了车内，因为和近藤老师约好了今天去他家住一晚。

车子在市内行驶了五分多钟后就停了下来——就在三番町小学前。正当我们犹豫要不要下车时，只见近藤老师把车开进校园内调了个头。

“这是我给我老婆的信号。”这时，只见一位戴着红色贝雷帽、穿着喇叭裤的小个子女性朝我们走了过来，是同为教师的芳江老师（三十六岁）。

“今天‘力太郎’教到哪儿了?”近藤老师问道。

“只往前了一点点。讲到了力太郎吃饭那里。让孩子们演了一下……”

近藤夫妇在学校里都是负责教二年级，国语课上也都在教“力太郎”。

静冈市的西边有一条河叫安倍川，河上的桥叫安西桥，对岸是一家超市。在那里买完晚餐的食材后，近藤老师载着我们继续沿着蒿科川边的国道向西北驶去。

河岸的丘陵上种满了茶树，就像小猫弓起的背，圆圆的，一簇一簇的。车子在驻在所[①]前再次停下，近藤老师匆忙下车走了进去。本以为他只是进去打个招呼，没想到出来的时候牵着一个孩子。是近藤老师家的老三淳也（今年四岁）。每天清晨，近藤夫妇会在上班路上把孩子托付给这里的阿姨——驻在员的老婆，等幼儿园开门了，再由她将孩子送过去。

天色渐暗，破旧的小车继续向前行驶着。

莲花草　“那边是中蒿科小学。来现在的小学之前，我一直在那里工作。”

四年前的春天，近藤老师当上了二年级的老师，是从一年级跟班上来的。近藤老师的父亲和哥哥是搞大棚草莓种植的，新学期开学没多久，他的班上就收到了许多草莓。

“因为天气很好，相比在学校里，感觉大家一起去野外会让

---

① 指日本政府为在偏远或特殊地区执行勤务的警察和消防相关人员设立的行政设施，有时还有附属的生活起居空间。

草莓更好吃……”

学校的西边有一座海拔六百米左右的小山，当地人称其为大少爷山。近藤老师带着孩子们去爬了那座山，向上爬了四十多分钟后，整个村庄便尽收眼底——水见色川和蒿科川合流的地方是孩子们生活的平原，聚落星星点点。

“老师，田里都是莲花草，好漂亮啊。”

“像是一块块地砖拼起来的。”

“好像淡粉色的地毯啊，上面的莲花草毛茸茸的样子。”

孩子们说得没错，整片田野简直就是一整片春天——近藤老师也在孩子们的引导下沉醉在了这一片春色之中。但也在那一瞬间，他有了一个想法。没错，要带着孩子们观察这片田野的四季变换。

之所以产生这个想法，其实可以追溯到前些天的社会课上。当时，他问孩子们：“大米是从哪儿来的呢？”班上二十七个孩子，只有少数几个回答了上来。其他要么回答“米店”，要么便是回答“农业协会”。包括家里人的副业在内，他们中明明有十六个人都来自农民家庭。

不过爬山的那天，他还没想到要带孩子们实际去看看大米的生产过程。直到六月中旬，他和学校的其他老师一起去山梨县的一所中学观摩社会课。课上，那位讲课的老师通过用藤蔓制线、用线编织的过程向孩子们讲述了工业革命的知识。

那一年，近藤老师刚成为社会课教师社团的静冈代表。为了在当年秋季于静冈召开的运营委员会上能有研究成果发表，他也是吃了不少苦。从山梨回来的路上，近藤老师在车上碎碎念道：“相比田野观察，还是实际让他们做一做大米吧。”

旧衣服 回来后，近藤老师赶紧回了一趟老家。近藤老师的老家在学校附近有一片田，他向父亲、哥哥借了其中的一百六十五平方米，就在孩子们从学校步行五分钟能走到的位置。实际种田的时候，孩子们的父母也来了十个人，一起协助近藤老师完成实地教育。

“会被蚂蟥叮的”“太脏了”“哎呀”……孩子们乱哄哄的一片，甚至还有女生摔到了泥里。在这一片混乱当中，孩子们生产大米的过程开始了。

九月。近藤老师在学级通信里让家长们为孩子准备了旧衣服，还让班上的五位组长从家里拿来了由两米长的木棍架成的十字架，上面裹上了稻草，是要做稻草人了。

“跟大家说的是旧衣服，可孩子们带来的，好多都是还能穿的衣服。有些比较好的裤子，我就收下了，改成了短裤穿……”真是一个奇怪的老师。

孩子们一起为稻草人穿上了衣服，还用马克笔为它们画上了脸。

近藤老师告诉我们：“那是我第一次看到孩子们那么投入地参与手工活动。”

听着大米生产课的故事，眼前的路不知什么时候变成了窄窄的小路，两边也开始出现了房屋。小淳也早已睡得十分香甜。终于，我们抵达了近藤老师的家。这时候已经过了晚上六点。

从一粒到一千粒

战场 “我们回来咯。”“哇。”

近藤夫妇的大儿子达也、二儿子浩也从屋子里跑了出来。近藤老师的家是村里给老师们分配的村营住宅。木制的平房，六张榻榻米大小的大房间和三张榻榻米大小的小房间，再加上一个小阳台，充满了年代感。据说因为面积狭小又十分破旧，并没有其他人愿意申请这里的房子，近藤老师也因此一家申请了两幢。一幢用来生活，另一幢作为夫妻俩工作学习的屋子。

进门才一小会儿，近藤老师的妻子就开始忙起了晚饭。近藤老师检查完达也、浩也的数学作业和日记，拿出了制作誊写版的工具，在暖桌前刻起了学级通信用的誊写版。

七点，晚餐被端上了桌。鸡肉串、猪肉炒蔬菜、沙拉、放有豆腐的味噌汤，面对这一桌丰盛的菜，三个小男孩儿都睁大了眼睛。

“今天有记者在，菜都变好了。”近藤老师说道。晚饭过后还有一件重要的工作——近藤老师在那个勉强才能挤进一个人的浴室里，轮流叫来了三个孩子，麻利地帮他们洗完了澡。他穿着一直以来的那条运动裤，在给孩子们洗澡的间隙顺便还把大家的内裤和袜子都洗了。芳江老师正在厨房里收拾着。等到孩子们都钻进被窝、整个战场终于安静下来时，已经是晚上十点了。

碾米歌 我们接着询问了在车里聊到的带孩子们“生产大米”的事，因为我们觉得这个构思充分体现了近藤老师作为老师的很多东西。

十月上旬。孩子们种下的稻秧结出了漂亮的稻穗。大家各自取了一株稻穗装进塑料袋，带回到了教室。近藤老师把大家分成两人一组，让大家看一看每一株稻子上能取下多少粒稻谷。

实际上早在播种的六月，近藤老师就让孩子们预测过“一粒种子能变成多少粒大米”。据说当时二十七名孩子中，有二十二名猜测是十粒、五十粒、一百粒、二百粒。剩下猜测五百粒的有两名，猜测一千粒的有三名。那么，实际情况究竟如何呢？

“一粒都不能多算、漏算！”近藤老师从一开始就非常严格地让孩子们好好数，孩子们也因此倍加认真。孩子们把稻谷每十粒分成一组，开始了清点的过程。但凡有一粒稻谷不小心掉到了地上，场面就一度失控——“掉了一粒，去哪儿了”，孩子们就马上贴在地板上找，这时候，屁股又撞到了别的组的桌子，别的组好不容易数好了一些，又前功尽弃。

过了两个小时，孩子们终于数完了。其中有九组数出来的数字突破了一千粒，其中最高的竟然有一千六百五十四粒。一颗小小的种子竟然能变成如此多的……孩子们一个个发出了惊呼，为这个大大突破了当初自己预测的答案感到震惊。

将谷粒干燥了一周后，接下来便是碾米的过程。大家把稻谷装进了从家里带来的塑料瓶、玻璃瓶里，用棍子插进去一顿搅和。那是战后日本全国流行的碾米用的精白方法。因为过程十分枯燥，近藤老师想起让大家唱碾米歌。这个环节也是“很近藤老师”。

“为了老师，嘿哟，嘿哟，咚咚咚……”

“为了大家，嘿哟，嘿哟，咚咚咚……”

即使课间时间，大家也没有停下来休息，引来了一堆隔壁班的学生趴在窗口围观了起来。

“我当时是把稻谷装进了一个罐子里，和着节奏用棒子不断戳的时候，罐底一下子掉了。当时学校里备用的稻谷也刚好都用完了……”

秋季祭 半个月后，近藤老师带着孩子们去一户农家见学[①]。看着碾米机轰鸣着吐出白色的米粒，孩子们都惊呆了——自己辛辛苦苦才完成的事，碾米机竟然一瞬间就实现了。在整个生产大米的体验过程中，近藤老师一直让孩子们将这些细节写进作文。那天见学后，孩子们在作文里写道：“人类真的好厉害，竟然能创造出那样的机器。”

“读到那篇作文时，我自己心里一直也不太清晰的（大米生产课的）目的一下子明朗了起来——那就是要让孩子们通过自己的亲身体验意识到，是人类创造了那样厉害的机器，人类是很伟大的。”

大米生产课的过程被记录到了学级通信里，也成了收获祭[②]上的话题。每年的秋季收获祭在学校附近的八幡神社举办，孩子们、孩子们的父母和祖父母都会参加。此外，当孩子们在教室里吃上由自己生产的大米做成的年糕时，那种喜悦也是无可替代的……激动人心的大米生产故事到这里也落下了帷幕。

在惊讶于一粒变成了一千粒的过程中，孩子们不仅认识到了大米这种作物的神奇之处，更是深刻认识到了人类的伟大，通过

---

① 指参观，通过了解现场学习知识。

② 指农作物收获的祭仪庆典，有感谢神灵的眷顾、给神过年之意。

劳动生产出大米，且不断发展至今。不是强行将虚构的知识灌输给学生，而是让学生们在种田的辛苦中、在碾米的混乱过程中去获得真实的知识——这便是近藤老师的社会课课堂，一个让他自己也满身是泥的课堂。

深夜的静谧笼罩了整个居民区。但那晚芳江老师刻板的声音却迟迟没有消失……

— 同伴们 —

放学后制作机关志

计时　虽说近藤老师一家十分友善，但入住他人家而产生的些许紧张感还是让我在一大早醒了过来——五点四十五分，屋子里还是一片漆黑。迷迷糊糊间，听近藤老师从别幢传来了声音：“浩也、达也，起床了！”稍稍过了一会，只听一阵脚步声，门板被推开了。近藤老师探进了脑袋：“醒了吗？很早嘛！”

那是一个寒冷的清晨。芳江老师已经在厨房里煮起了食物，灶台上水汽氤氲。六点二十分吃早餐。没过二十分钟，近藤老师就进了厨房，以迅猛的速度洗起了锅碗瓢盆。

“五十二分！五十三分！”

小达也看着电视上出现的数字开始计起了时。近藤老师将自己昨晚为孩子们熨好的幼儿园校服折好，和厕纸、手帕一起拿给了淳也。

“五十七分!”

芳江老师冲进了厕所。

像是秒速摄像一般，只见五个人在家里飞速地四处移动着。“七点了！”在小达也大叫的同时，近藤夫妇也带着淳也冲出了家门。小学生的达也、浩也七点半才需要出门，俩人站在门口看我们上了车：“走了哦。”

破旧的小车在山间小路上飞速驰骋着。太阳还在山的背面。近藤老师在驻在所把淳也放下后，再次启动了小车，继续飞速前进。坐在副驾驶座上的芳江老师正在看着摊在眼前的文件，距离学校还有二十分钟的车程，对于同为老师的二人来说，这也是不会被打扰的、宝贵的二十分钟。

纸牌游戏　泥孩子班这一天的第一节是算术课。对于小学生来说，二年级是让他们记住九九乘法表的黄金时期。

“今天学的是第六段和第七段，老师想了一个很有趣的方法，大家一起来试试。”

“嗯?”“是什么哦?”

“秘密。好了，每个组的组长上来领一下。”近藤老师给六个组的组长分别分了两张白纸。

“老师，这不是做手工用的吗?”“这是要干什么?”

近藤老师把每张纸裁成了十八份，每个组由此拥有了三十六张小卡片。在此基础上，他让孩子们用蜡笔把第六、第七段九九乘法表的答案都写在了卡片上。

“好了，大家把桌子移到后面去吧。”每到这种时候，泥孩子班上的孩子们反应都很迅速。教室里一下子腾出了一大片空间，近藤老师分好了各组的指定区域。“好了，大家围成一个圈坐下吧。”

“啊，老师，我知道了。老师说一个什么，我们把相应的卡片捡起来对吧?”没错，算术纸牌游戏开始了。

“准备好了吗？六二（六乘二是多少）……”

“拿到了。”“哎呀。”

“好的，下一个。”

为了不漏听近藤老师说的每一个字，孩子们等待出题的过程都非常安静，圆圈慢慢缩小，孩子们因为领地被侵犯而撑起手肘。“七八（七乘八是多少）？”近藤老师问道。“啊啊啊。”在一阵阵的骚动中，第一轮的比赛结束了。第一名的孩子一个人获得了十七张卡片。

“老师，再来一轮。”“再来一次嘛。”孩子们已经再次摆起了卡片。第二轮加了一条惩罚规则，如果孩子们取错了卡片，就要把手里的卡片放一张回去。由于近藤老师这次不仅出了第六、第七段的题，有时还会考到其他段的算术，拿错卡片的情况层出不穷。第三轮，各组进行了组内排名。第四轮，每组同样排名的孩子重新围成一圈进行对抗赛。就在这一轮轮的纸牌游戏中，四十分钟的课一下子就过去了。

机关志《野火》 就在距离近藤老师任教的青叶小学开车十分钟左右的地方，坐落着一座陈旧的二层建筑。乍一看会让人觉得是一间仓库还是小作坊，有些煞风景。门牌上写着“静冈市教职员组合”。

沿着装在外墙上的铁制楼梯往上走，走廊尽头有一间十张榻榻米大小的小房间，里面竟然挤着十二三个人，他们正在工作着。

咔嗒、咔嗒，桌上的小型印刷机中不断吐出誊写的印刷文件。只见他们将文件一份份地分开、对折、装上封面、订上书钉。在这里忙活着的都是静冈市民间教育研究社团的老师们。这一天是月刊机关志《野火》的印刷、装帧日。《野火》已经有了五年的历史。老师们都是从各处的学校跑来帮忙的。写稿、雕刻誊写版、印刷、装帧，所有的事都由他们自己完成。

“呀，都忙着呢。”

近藤老师风风火火地冲进了门，还是穿着一如既往的运动裤和运动外套。就像是闷着烟的柴火堆里突然冒出了火焰一般，整个屋子一下子被卷入了谈笑声的旋涡中……

敏锐地注意到孩子们的缺席

告发　“这个，是我班上一个孩子的妈妈给的。”近藤老师从包里拿出了一些酒糟。他将酒槽泡成了甜酒，分给《野火》编辑部的伙伴们，加入了大家的印刷、装帧作业。开起玩笑时大家也是咯咯咯地笑个不停。晚上七点，最新一期的三百本《野火》终于整整齐齐地叠在了桌上。

这期的特辑以“剖析教育这一现实”为题，都是参与《野火》编辑的老师们来自教育一线的真实报告。虽然标题看起来十分严肃，但老师们写的东西没有一篇是热血呼吁式的组合型论文，都是从日常的小事出发，展现在此基础上反映自身问题的尖锐视角。

比如，下面这一则是其中一个老师写的某市中心K小学的故事：

> 学校组织四年级学生去茶山见学。虽说是见学，但对孩子们来说就和春游没什么两样，大家都十分兴奋。那天有两

个学生请了假。“老师，A和B今天赶上请假可太可怜了，我们给他们买一点礼物带回去怎么样？”班上有的孩子善良地想到了他们。由于当时K老师已经看见主任H老师和副主任I老师在土特产店买了两袋东西，就告诉孩子们不用担心（老师们已经准备了）。

回到学校，大家和站在门口迎接大家回来的校长、教导主任问完好，只见H主任给其中两个孩子送上了一个眼神。这时，只见那两个孩子抱着两包礼物跑到了校长、教导主任旁，响亮地说：“校长老师、教导主任老师，留守学校辛苦了！”并恭恭敬敬地把两包东西递了上去。K老师和孩子们刚开始都不知道发生了什么，只是呆呆地看着。

尖锐的疼痛　因为道德研修会上市教委和其他学校的老师决定要来学校视察，某小学为此做了一系列的准备。为了让分餐看起来更规范，学校规定分餐员一定要戴口罩、要在教室里放上鲜花、要让大家把白衣服都洗干净。喋喋不休地禁止老师们在办公室的桌上放杂物的教导主任，抛开课堂专心打理花坛的教务主任，对这一切赞赏有加的校长……读下来，这一切似乎都和我们在爱媛县、栃木县采访时听到的故事一模一样，不禁令人惊讶。静冈也有很多这样的学校，老师们不站在孩子的一边，而是以自身利益为中心、忽视学生们的存在。

《野火》中处处可以感受到的，是来自每一个认为上述状态“奇怪”的教师的目光。与其说是作为教师难以忍受，他们更多是作为人觉得无法忍受。

我们带着尖锐的疼痛谈论着这如同笑话一般却让人笑不出来的现实，并将它们记录下来。为什么呢，因为作为一线的教师，我们对这一现实也负有一半的责任。带着通过实践来反抗这一现实的觉悟，我们在此展开剖析。

《野火》编辑部这样写道。

偷窃　聚集在《野火》编辑部的静冈市民间教育研究社团中，有社会、国语、作文、生活指导、理科、算术等各种各样的社团。近藤老师属于其中的社会科，这一社团每个月会在老成员西泽纪老师（四十八岁）家召开两次成员集会。

伊东老师告诉我们，西泽老师、西泽老师的妻子光子老师（四十四岁）以及他自己（伊东严老师，四十四岁）可以说是这个社团的创始人。

“那已经是十六年前，日教组第九次教研会时候的事了。我和西泽老师两个人一起去的，真的是非常受刺激。北海道、青森的老师们都发表了非常好的实践报告，我们这边感觉落后了整整一年。后来听说那是社团活动的成果，回来的车上我俩就说，看来还是得建起一个社团……”

静冈的社会科社团是因为他们史前时代的课堂实践开始受到关注的。为了让孩子们知道古代人是怎么样猎杀猛犸象的，老师们用好几张纸板拼接出了一张等比的猛犸象。同时，为了让孩子们理解一百万年有多久，老师们用一米换算一万年，准备了一百万年份（一百米）的胶带在教室里贴了起来。

“如果是这样的话，因为登吕遗迹大约是两千年前的建筑，所以只有二十厘米。孩子们听了好像都很惊讶，觉得怎么这么矮。”伊东老师回忆道。

近藤老师是七年前才开始在社团露脸的。虽然“最开始做了三年寝太郎[1]，什么事都没干”，但大米生产课以及制作力太郎的大铁棒等“让孩子们获得贴合具体事物的知识”这一基本想法可以说是在寝太郎时代、在前辈们的刺激中就已经在近藤老师心里埋下了种子。

“他可是因‘偷窃’其他老师的课堂内容出了名的……”伊东老师笑着说道。那些课之所以能让近藤老师勇于“偷窃”，是因为它们“有趣”“感觉孩子们会很喜欢”，相比孩子们能从这些实践课里获得的发现与喜悦，以“大人们的面子”为核心旋转的世界对他来说，毫无魅力。

学生母亲们的声援

按摩　近藤老师是一个为了课堂什么都会去做的人。今年的正月假期，参与《野火》编辑的各位老师们和往年一样去了长野县的车上雪场组织滑雪活动。

热爱滑雪的近藤老师也携家带口地踊跃报了名。但是，那时候也正是近藤老师构思如何教授三年级“力太郎”的时候。

到了旅馆，近藤老师去自己的前辈西泽老师夫妇的房间看望。两人要钻进暖桌时，光子老师闪了腰。

“怎么了？看来还是上了年纪吧？不过这点小伤，揉揉马上

① 源自日本民间故事，主人公寝太郎一睡睡了三年，十分懒惰。

就好。”

近藤老师一边开着夫妇俩的玩笑，一边帮光子老师揉起了腰。光子老师在国语社团里算是长老级的人物，包括童话故事《夕鹤》在内，辅导过很多老师。近藤老师一直就在找机会让光子老师给自己传授点经验，正好赶上了这次……谈话内容从玩笑慢慢转向了认真的教材研究。住在滑雪旅馆的第一天晚上，近藤老师从光子老师那里获得了许多上好课的核心方法。

近藤老师周围有许多像自己人一般的伙伴。但在日常的校园生活中，最密切关注他课堂的、高喊着“加油、加油”的后援队，还要数学生的母亲们。

我们跟踪采访泥孩子班至今，几乎天天都能在教室里看见学生母亲们的身影。每天从第二节课的中间开始，大概也是母亲们忙完家里早上的活的时候，一身像是刚从厨房里忙完活的打扮，学生母亲们一个个地出现在教室里。

发型 下课时间，孩子们冲向了操场。我们在阳光下空荡荡的教室里，采访了孩子们的母亲。其中一位孩子母亲跟我们讲了“十字听写”的事。每天早上到学校后，近藤老师就会让孩子们练习汉字，每天只有十个字，他会对学生们进行听写检查，所有人都拿到十分后第二天才会换十个新的字。

“必须所有人都拿到满分他才会往下进行，这正是近藤老师的魅力所在。要让大家一起前进……虽然那些学得快的孩子可能会觉得很不耐烦，但我觉得这样非常好……”

“这个老师，表面看起来人很马虎，但实际上并不是这样的。”

“没错没错，他人很细心的。家长会上有孩子的妈妈换了发型他都能注意到。‘唉？您把头发剪短了？之前不挺好的吗？’真是奇奇怪怪的地方都会注意到。说奇怪也是奇怪，让人觉得不可思议……”

发型的话题虽然有些跑偏，但这些妈妈们想强调的是，近藤老师其实是一个很敏感的人，会很细心地关注每一个孩子，会把每一个成绩落后的孩子也看得很重要。

学级通信《泥孩子》上也有过妈妈们的文字。二月中旬，其中有一段内容是这样的：

> 虽然孩子以前也会在家里朗读国语课的内容，但这学期学习“力太郎”，孩子从一开始就和以前完全不一样了。他会把自己当成故事中的人物，变着声音，用各种花样来读。听到他连旁白也会一个词一个词地读时，我就知道他已经全身心地投入到了“力太郎”的学习中……

夜间私塾 那么，“力太郎”的课程讲到哪里了呢？变成了可以轻易挥动百斤大铁棒的泥太郎改名成了力太郎，开启了他的大力之旅。

“嘿呦，嘿呦”，力太郎走着走着遇到了背上背着一座神庙的神庙太郎。神庙太郎背着的神庙很大，甚至堵住了整条路。后来，他又遇上了咕噜咕噜扔下大石块的石太郎。

在比拼中输给了力太郎的二人决定从此跟着他一起上路。力太郎一行来到了一个筑起了城墙的小镇，镇上最有钱的人家的女儿正在哭泣。原来有一个妖怪每个月都会来一次镇上，强抢妇女、破坏田地。

“今天要轮到我被抓走了……”

泥孩子班的孩子们屏着呼吸读着这充满了想象力、连大人们都觉得有趣的后半部分。接下来便是三个大力士打妖怪的情节……

这一天，近藤老师在下午五点半离开了学校，接上芳江老师后急匆匆地赶回了家。用了十五分钟把晚饭狼吞虎咽之后，他又沿着蒿科川边的国道再次回到了静冈市内。下午七点，近藤老师赶到了市教职员组合的基地，也就是之前提到的那个像仓库一样的二层建筑物。

今晚将在这里召开“野火塾”。十二张榻榻米大小的房间里挤满了二十多个人——他们都是学生母亲，市内小学、幼儿园、保育园的老师们。“野火塾”是《野火》编辑部的国语社团从今年一月开始组织的私塾，主要面向教师和学生母亲们，旨在呼吁学生家长和年轻教师们一起学习。社团将至今为止的研究成果融入其中，从文字指导的第一步开始教学。

站在房间后方的近藤老师每次都会在恰当的时机说上几句玩笑话，缓和全场气氛。真是一个不管到哪都心思细腻的人啊。

— 和X先生的对话 —

躁动的心最重要

拒绝官职　“终于到了晚上。不知哪儿来的黑色烟雾笼罩了小镇，一个黑色旋涡气势汹涌地……”

力太郎的故事到了最后一幕。一个“比房屋还高的秃头妖怪”出现。跟着力太郎的神庙太郎和石太郎一下子就被妖怪吞了下去，只剩力太郎和它对决了。力太郎“突然从下面狠狠地踢了对方的肚子一脚”，妖怪一声哀嚎，把神庙太郎和石太郎吐了出来。

官方教科书对打妖怪的情形进行了稍微详细些的描写，之后便只用了数行草草收尾——力太郎三人分别娶了有钱人家的三个女儿，“三人在这个小镇过上了幸福的生活”。

相比于此，泥孩子班的“手工教科书”有了更多的情节。打完妖怪后，县衙邀请他们三人留下来做官。三人互相看了一眼，“扑哧”地笑了一声，拒绝了官职。在这里，近藤老师再次向孩子们抛出了问题：“为什么县衙要邀请他们留下来做官呢？为什么三人要拒绝官职呢？”

“因为县衙的官员们想要借三人的才能向百姓们逞威风、统治百姓，但三人不喜欢欺负别人，所以拒绝了。”孩子们用自己的语言说出了答案。

“三人在村里住下，一起劳动。由此，田地的收成变好了、村民的生活富裕了、整个城镇一片祥和，大家都过上了平静的生活。”“手工教科书”的力太郎故事在这里结束了。

近藤老师之所以重视“拒绝官职”这一情节，大概是想让孩子们对这个结尾有自己的思考。力太郎所象征的能力最终成了有助于村民的能力，他一定也是希望孩子们能借此体会到蕴含在童话故事里的梦想与希望。

用心朗读　“力太郎”的故事学习始于一月中旬，到了二月下旬，经过二十八个课时后，终于告一段落。那么，孩子们又是怎样看待这一个多月的课堂的呢？

“……大家一起画力太郎、一起用旧报纸做百斤重的大铁棒，在这个过程中，我明白了很多东西。比如老爷爷和老奶奶是很爱惜自己的东西的，比如力太郎虽然高大威猛、力大无穷，但他救了一个姑娘，所以也是一个很温柔、善良的人。这是我上过的最快乐的课了。但是，和其他的传说故事不一样，我很喜欢。一寸法师也好，金太郎也好，大家最后都当了官，但力太郎最后成了老百姓。关于这一点，我能感觉到我心里有个声音隐隐约约地在说着什么。我相信这个声音会随着我长大越来越大的。”

班上的一个男生讲述了对“力太郎”的感想后，还写了这样一篇文章。不是关于力太郎，而是关于自己和班上的同学：

大家一起探讨不同的意见和不可思议的想法，大泥球一步步地前进着。互相帮助、说出好的意见，在这个过程中我们才真正理解了这个故事。我们这些泥球就像在玩抓人游戏，泥球是我们的心，我们每天都在和自己的心玩游戏。二年级马上就要结束了，加油吧。

“必须要” 泥孩子班孩子们的活力似乎还萦绕着我们，这一天，我们离开了静冈，前往拜访智囊顾问X先生。

“倒是不存在什么只有他才能上好的课。但实际上，他做成的事又不是一般人能轻易模仿的。”听了我们的汇报，X先生看着我们这样说道。

很多老师都会说生产大米也好、做铁棒也好，只要去做的话都会很有趣，孩子们也一定会积极参与、在这个过程中学到真正的东西，但他们马上又会给自己找很多不做的理由——“但是教材经费不够啊”“每个孩子的学习进度很难统一啊”等。结果，孩子们只能从这些老师那里学到，被催着死记硬背，参加考试，被骂是不是笨蛋。相比于此，近藤老师是一个一定不会给自己找“不这么做的理由”的人。

那么，为什么近藤老师可以做到呢？

“因为他是一个不会给自己找‘必须要’的理由的人。教师这个工作，并不是靠‘必须要’的使命感，教师得自己想要这么做，得觉得这么做会很开心、不得不这么做，拥有内驱力，在这之后才是理由……这也是最真实的状态。正是因为现在到处都是那些念着‘必须要’‘但是’的老师，他才成了光一样的存在。”X先生说道。

对泥孩子班的跟踪采访虽然结束了，此时的我们却再次感受到了近藤老师身上的那份清爽劲儿。在这个被教务主任考试、晋升主任的路径等钩心斗角的事充斥的教育一线，这份爽快大概也是世间所有父母们所渴望的吧。同时，我们也认为，真正的学力，只有靠着这份爽快和内心的躁动才能培养出来。

一 采访笔记⑤ 一

魔术师的眼睛凹陷了下去

一九七五年春，我们开始了“何谓教育”的采访。当时大家就决定，要深入到某一间教室中去，以微观视角对课堂内容进行真实的记录。那将是一出在只有课桌、黑板和粉笔的舞台里，在有限的时间中展开的舞台剧。之所以这样决定，是因为我们相信，教育的缩影就隐藏在人塑造人的这一过程中，对课堂的近距离观察也将成为我们理解“学力”本质的抓手。教室这一孩子们与老师们的主战场，也成了我们的主战场。整个一九七五年，我们都在撰写不同系列的报道，对孩子们、老师们进行采访。那年秋天的十一月左右，我们开始寻找能成为笔下素材的教室。

我们通过电话联系上《游戏玩家》中记录的近藤贞巳老师，是在十一月末、十二月初的时候。当时，因为很多老师都很在意“上面”的看法，大家都对我们保持着警惕，不愿在学校里与我们有过多的接触。虽然按理来说静冈县的管理也很严格，但近藤老师还是很爽快地答应了:“我×点有空，你们那时候方便的话，直接来就行。嗯？没关系的。我会在教室等你们。”听起来是十分开朗的声音。

后来我们知道，近藤老师是静冈市立青叶小学里唯一一个日教组成员。周围的老师都是非日教组成员，作为少数派，在学校里工作就已经是一件很艰辛的事了吧。在此基础上，这位少数派还要公开自己的课堂、成为被报道的对象，这得需要多大的勇气呢。不过，近藤老师还真是一位随心所欲的勇者。意识到这件事的分量，实际上也是采访之后的事情了，在电话里听到声音的那一刻，我们只有一个想法：这真是一个没有忧愁、快乐的人。

搭乘新干线在静冈下了车，我们一行三人便直奔近藤老师的教室。抵达校园的时候，孩子们都已经放学回了家。近藤老师一个人在教室后方的角落里伏案做着工作。接下来的几个小时里，我们把近藤老师的成长经历、家庭背景、任教经历、学校的现状、父母的阶层等关于他和他周围的情况都问了个遍。从这一过程中我开始意识到，我和这位老师可能并不是没有缘分。

之前在东京的一所私立高中，校长为了检查老师们的思想倾向、课程内容，悄悄地在教室里装上了窃听器，并以偷听到的内容为证据，开除了一位老师。那位老师因此向法院提起了诉讼，并且每天都在校门前和同事们、学生们一起发放传单，进行了长期的艰苦斗争。由于在此过程中，窃听器的事情也被揭露了，当时的我对这位果敢的老师进行了采访报道。这位老师最后在法院胜诉了，距离我这次采访近藤老师也过去了很久，后来才得知，原来他是近藤老师的亲哥哥。

从教室转移到了学校附近的咖啡厅，和近藤老师聊了几小时，我们完全被他的魅力吸引住了。“决定了，我们就对这位老师跟踪采访到底吧。”在回程的新干线上，我们开始对整个采访计划的方方面面展开了想象。

对于我们一系列“逼婚式”的采访要求，近藤老师很少拒绝。知道了这一点后，我们更是不断推进自己的“作战计划”，生怕漏过一个好的素材。但是，我们的拼命也换来了对方的拼命。对此，近藤老师自己在文章中这样写道：

> 去年（一九七五年十二月初），共同通信社的记者来到学校，问能不能看我上课。我这边还没缓过神来，整件事情就不断往前推进了。想来想去，最后还是去问了社团的其他老师们该怎么办。大家都很不当一回事地撺掇我接受采访。我试图反驳：“可毕竟是涉及他人的事，我这么随意地决定……”大家都没有搭理我。第三学期开始，我把这件事也告诉了同年级的其他老师，提议要不要讲绘本《力太郎》，由我来设计课堂内容。我决定把整个教学内容设定为三十个课时，由此开始了教材研究。从这时起，共同通信社的记者们就在教室里进进出出，我开始感受到了压力。已经火烧眉毛了，不能再磨磨蹭蹭了。我决定在一月十九日开启该课程的第一堂课。当天，身高一米六八、体重五十四公斤的瘦弱的我，眼睛似乎凹陷了下去。

这段话选自近藤老师的文章《忙碌才是我的生存意义》。这篇文章刊登在教育杂志《人》的一九七六年六月刊中。也是读了这篇文章我们才知道，在我们不知道的时候，近藤老师悄悄地付出了艰辛的努力。

虽说采访本身是以“力太郎”的课堂为主，但我们自然也旁听了近藤老师上的别的课。正如我们在本书中所介绍的，近藤老师可谓一个自由奔放的人，他上的别的课自然也是自由且奔放的。比如某一天的理科课，近藤老师把孩子们带去了附近的骏府公园。在此之前，他并没有给孩子们任何事先的通知，只是当天突然就把孩子们带出了校门。由于骏府公园就在校园的前面，近藤老师甚至没有整队，只见孩子们扎堆跟在他的身后。来到公园里的楠树和榉树前，近藤老师突然停了下来，一边让孩子们触摸树干一边介绍起了树来。看见蒲公英时，他也带着孩子们停了下来。就这样一边介绍着路边的花草树木，一边带着大家向前走。来到石阶附近时，近藤老师让孩子们在石阶上排开了队。“来，我们一起来唱个歌吧。唱什么好呢？知道了，我们就唱……”近藤老师站在下面指挥着台阶上的孩子们。他用力地挥舞着手，看起来心情十分愉悦。但孩子们的声音却越来越小、歌词也越来越模糊，不知不觉大家都停了下来。“嗯？接下来是什么来着？算了，那就换首别的。”近藤老师（假装）自己也不记得歌词了，配合得天衣无缝。唱了一阵之后，近藤老师带着孩子们来到了公园里的游乐场，里面有滑梯、攀登架，让大家在那里自由活动。快要结束的时候，近藤老师翻上了单杠，在单杠上转了一圈，对着大家喊道：“好了，回去咯！”感受到春天脚步的那一天，我们慢悠悠地跟在孩子们的后面，也被平静的心情拥抱了。近藤老师就是这样一个深谙快乐魔法的人。

我们的快乐可不卖

那么，在我们对课堂进行跟踪采访的期间，近藤老师的视角又是怎么样的呢？此处，我们再次引用了他发表在杂志《人》上的报告：

“力太郎”的课堂经过五周终于结束了（一月十九日至二月十四日）。在此期间发行的学级通信《泥孩子》足足有一百零一页，从No.499到No.599。其中“力太郎”相关的课堂报告、作文、草稿共有六十六页。虽然都是我自己写的，但回过头来看才发现原来写了这么多，还是有些惊讶。

每天都忙得不可开交。比如，一月二十六日发行的《泥孩子》共有八页内容，其中四页是国语课的内容，两页是之前的课程日记，剩下两页则是二十四日的课堂报告。写授课笔记、读孩子们的日记、思考下一节课的结构、观察孩子们的行为——上课积极参与的孩子们在日记里都写了什么、为什么他在那个时候发了那样的言，这些都是要读了孩子们的日记才能知道的。每天都像是被力太郎的铁棒打飞、被庙堂太郎踢飞般繁忙。但是，每当看到孩子们生动活泼的样子、看到他们真实地变快乐了，我的疲惫也都变成了喜悦。与此同时，在别的课上我也越来越能意识到课堂中所存在的问题了。

此外，由于共同通信社的记者们并不只是观察国语课，一个月里，他们几乎一直都跟着我，这也让我有些承受不住压力。放学后，记者一手拿着草稿纸，一边问我：“老师，您觉得今天的课堂中，孩子们行为上最明显的变化是什么？”听到这个问题，我的眼睛一下子凹了下去，还真不是一个马上就能回答上来的问题，很尖锐。因为不知道怎么回答才好，我思考了好一会儿，重新调整好体态，平日里的精神也不知道去了哪里，只能低声地试图应付一下。故意压低声音说的同时，我也担心这个答案，对方不会认同，抬头看了看对方的眼睛，对方也似乎看出了我的小心思。但他们问的这一句话成了我后来上课时一直用心观察的内容，虽然他们都说是第一次旁听课堂，但外行人言给人带来的这种震慑力、尖锐性，我算是亲身体会到了。

忙得晕头转向的一个月终于过去了，我陷入了一种无精打采的状态。虽然心里知道这样下去不行、得赶紧做点什么，但身体确实跟不上。现在反倒怀念起了那忙碌又充实的每一天。

现在的我也后知后觉地感到，对我们做老师的来说，为孩子们创造快乐是一件无法重来、关联着我们自身快乐的事情。为了明年能再次体会到这种快乐，我准备好好构思课堂内容。应该至少能想出一个好的内容。

我们在这本书中漏写了他作为学校里唯一一个日教组成员的故事，也漏写了静冈市少数派日教组成员们那充满苦难的斗争史。相比漏写，当然更准确的说法是，我们虽然清楚事实，但有意地选择了不写下来。

之所以这样做，是因为我们希望能向各位读者传递最真实的畅快感——像是近藤老师如游戏玩家般享受着游戏本身带来的快乐的那种畅快，像是将作为采访者的我们也吸引了进去、让我们知道充分享受活着这件事的畅快。

不过，不用提大家也清楚的是，这样一种快乐是他和他的伙伴们在踏实的斗争中才获得的。近藤老师和《野火》编辑部的老师们是一群不愿用这份快乐去换取金钱与地位的人，他们潜心课堂，通过课堂走进孩子们的世界，从孩子们那里获得所有斗争的勇气与想法。

也许正因如此，我们最终没有去见那些鹦鹉学舌般地重复现有斗争用语、借用他人运动方针的活动家们。以自己的教室和职场中的事实为基础，用自己的话语去讲述时事、政治，这大概是实践者们才拥有的“特权”吧。在这之中，我们看见了“游戏玩家们”坚实的内核。

Ⅵ

为了成为人

去年十二月，我们开始在位于东京调布市神代团地的市立野川小学进行班级跟踪采访。对象是五年级三班的老师和孩子们。

五年级三班的班主任久津见宣子老师是在昭和初期出生，教龄马上要有二十三年了。

久津见老师刚开始拒绝了我们好几次，担心“会给学生们带来负面的影响”。好不容易说服了她之后，我们才得以在孩子们旁边放下了课桌，开启了我们的体验学习。

接下来的两个多月，我们见证了一位老练的教师如何将四十二个孩子时时刻刻都卷入沸腾的知识旋涡之中。

老师们现在在教孩子们什么样的东西?

我们甚至在想，在她与每一个无法替代的珍贵瞬间展开的坚韧斗争中，正隐藏着重新思考如今公立教育现状的线索。

总之，我们决定前往这个教室一探究竟。这个响彻着老师与孩子们充满活力呼喊的教室。

（采访时间：一九七五年十二月至一九七六年三月）

文中学生姓名皆为化名

一　五十亿年的旅行　一

类人猿是我们的伙伴

奇妙的声音　“今天要让大家听一个声音，所以大家一定不能发出噪音，桌子、脚都不要动来动去。桌上的东西也都收进抽屉里去。”

视听教室拉上了黑色窗帘，昏暗的空间里传来久津见老师通透的声音。教室中间放着她今天带来的八毫米放映机和小型录音机。好奇老师今天要干什么的孩子们十分兴奋、叽叽喳喳地议论了开来，现在逐渐安静了下来。

“听出是什么声音的人，请安安静静地举手。不要发出‘啊、那个、是那个’这种声音。好了，我开始放了。”

久津见老师按下了按钮，录音机中传出了奇妙的声音。如电子音乐一般，而不像是某个东西的声音，像是什么动物的鸣叫声。特别高的高音，吼呜、吼、吼吼吼、呼、嘁嘁嘁，倒也是人能模仿的声音。久津见老师停下了磁带，问孩子们：“完全听不出来吗？没说对也没关系，觉得不对的答案也可以说说看。”

三个人、五个人、十个人，孩子们慢慢地举起了手。“来，说说看。”

“那个，大猩猩和黑猩猩的伙伴！”“猴子和鸟两个一起！”“感觉是猫头鹰的声音，夜行鸟类！”“乌鸦！”“翠鸟！”“狒狒！”“长臂猿！”“红毛猩猩！”

久津见老师再放了一遍。“怎么样？可以改刚才的答案哦。说说看。”

“狗！”“厉害的猴子正在召集那些没那么厉害的猴子！”“狼！”正当大多数孩子都给出了回应时，久津见老师摆弄起了八毫米放映机。

迷你电影 刚才放的磁带也好，八毫米录像带也好，都是久津见老师利用休息的时间自己采集、录制的。这次，她同时播放了声音和录像带。伴随着吼呜、吼、吼吼吼的声音，屏幕上出现了一只黑色的动物。

“发出声音的是它，长臂猿。这是在多摩动物园……”

“我答对了！”向井激动地喊道。“奖金十万！”其他孩子也顺势起哄。“我知道了，是那里！”“我去过的！”得知拍摄场地是团地附近那个熟悉的动物园，大家更加激动了。有的孩子甚至顺势坐到了桌子上。大家都想把自己知道的东西一口气说出来，整个教室一时陷入了一片喧闹之中。

“知道是什么动物发出的声音了，接下来我们来看看它的身体。大家可以看出它的身体有什么特征吗？看看它是怎么动的。”

“手像拐杖一样，用手支撑着身体……”

“没错，就和大家跳马一样，而且还是并脚跳。很好的一个点。来，理沙，你说说。”

“它一直用手把自己的身体吊在半空……”

“没错，一直把自己挂在小窝的屋顶上。看来它确实很擅长用自己的手哦。接着来，秀一。”

“它的手好像比脚更发达，更长……”

“你指的是左手还是右手？哦，两只手都是，是吧。没错……”

久津见老师一边在黑板上简写下了孩子们的答案，一边继续让孩子们往下说。过了一会儿，她又重新放了一遍录像。这次是黑猩猩登场了。久津见老师接着又让孩子们说了说黑猩猩的特征。

人类的伙伴　就这样，通过声音和影像资料，久津见老师让孩子们对两种动物的特征进行了区分。在这之后，她进一步将孩子们带入了今天的课堂主题。

两种动物都属于灵长类动物中的类人猿，类人猿里除了长臂猿、大猩猩，还有猩猩和黑猩猩，总共四种，让孩子们知道了这些后，久津见老师进一步推进了课堂：“它们和其他的动物不同，却与人类之间有着许许多多的共同点”，她甚至准备了一系列大照片，一边听着孩子们的发言，一边总结课堂主题。

话说回来，这究竟是一堂什么课呢？

从去年秋天开始，久津见老师班上的孩子们就在学习地球五十亿年的演变历史。学习从地球诞生之初到太古代、中生代、人类第一次出现的新生代，都有哪些生物在地球上出现、繁殖、灭绝。

今天终于讲到了一百万年前的历史，人类首次登上了历史舞台。接下来是人类如何成为地球的主人公、如何构建现代社会的宏大史诗——这便是久津见老师的社会科课程。这一天的课程里，她带着孩子们细致地比较了类人猿与人的共同点，接下来的课堂又将如何展开呢？

与人类的祖先见面

祖先登场 一般来说，大多数课堂在上下课时都会有学生们起立向老师行礼的过程。但在久津见老师的班上，到了时间首先是老师确认出席情况："大家都在吗？"孩子们回答了"在"之后，久津见老师马上就进入了课堂："那就开始吧。"结束时也没有行礼的过程。这一天的课上，久津见老师这样开了头。

"今天要带大家看看地球上的第一个人长什么样。有没有人来说说自己的想象，觉得他会长什么样？"

首先让孩子们给出自己的猜想，在此基础上推进课堂，这是久津见老师一直以来的上课方式。

像猩猩、像猴子和人生的孩子……十五六个孩子争相说出了答案后，久津见老师漫不经心地说："我去叫一下他，那个地球上第一个人。"说着便走出了教室。

"什么？他还活着吗？""你是笨蛋吗？怎么可能呢？""但老师说她去叫！""是死的吗？"孩子们一下子炸开了锅。一时间我们也有些摸不着头脑。

过了一会儿，久津见老师带着一位"人类的祖先"回来了。是一张贴在黑板上的等比照片。照片上的生物长得像类人猿又像人，全身赤裸着。实物大小的他在照片里像是横着在走。由于照片呈现出了阴影，远看充满了立体感。从地球的诞生讲起，追溯了两栖类、爬虫类、哺乳类的生物进化轨迹，这一天，久津见老师的课堂里终于有人类登场了。

比身高　“老师，这个照片是实物大小的吗?”小岛问道。

“嗯，大致是的。”

“所以是大人吗?”

“没错。要不要和它比比谁高?”

被点到的安田是班里倒数第五、第六矮的孩子。他和模型站在一起，祖先的身高却只到他的下巴。大概是一米三的身高。原来很久以前的人只有这么矮，我们也长了见识。一直很搞笑的安田这次也不出意外地把大家逗笑了——竟然和祖先握起了手来。

“根据至今为止考古学家们发现的化石可以推断出，最初的人类就长这个样子。化石本身是在南非发现的……”

久津见老师所指的化石是一九二四年雷蒙德·达特教授在南非联邦发现的头盖骨、下颌骨及牙齿化石。一九四〇年左右，考古学家们接连发现了类似的化石。现在人们认为，它们都来自至少一百万年前人类的祖先，也就是南方古猿。像这样，久津见老师总是会不断地将学术成果作为教材在课堂上为学生们讲述。

“虽说是人类的祖先，但跟这边这些长得还是很像的吧。所以才将它们称为猿人。”久津见老师用手指着贴在教室里的大猩猩、黑猩猩等四种类人猿的大照片说道。

“但是，类人猿和这边的猿人还是有非常明显的区别的。有人注意到了吗?”

“猿人的脊椎是笔直的。”“猿人是用两只脚站立的。”“猿人的手好像变短了。”

久津见老师一边带着孩子们在模型和照片上确认发言同学的答案，一边在黑板上将大家说的都写了下来。在这个课堂上，所有的孩子都十分放松地坐着、不停地给出答案，老师和学生间的互动可以说开展得十分流畅。

与森林的告别　在孩子们说完了一通自己的想法后，久津见老师为孩子们加上了一些重要的答案。

首先是大脑。

“请大家用手摸一摸自己的脑袋。是圆的对吧？知道了吗？可以把手放下来了，可以了，要摸到什么时候？据说圆圆大大的脑袋是人类以及类人猿与别的哺乳动物的不同之处。比如，大家可以想一想狗和马的脑袋，更加细长对吧？所以说，人类和类人猿的脑容量很大，拥有更多的智慧。但是呢，通过对化石的研究我们可以发现，猿人的脑从一百万年前开始，所占身体的比例就比猩猩要大得多，虽然跟现在的人类相比还是可能小了些。听懂了吗？”

另一点是牙齿。与类人猿相比，猿人的下颌不太外突，嘴巴小小的。考虑到牙齿、骨骼化石都是在大草原地带发现的，大家可以得出猿人和生活在森林里的类人猿不太一样的结论，是吃树木果实、鸟肉、野兽肉的杂食动物——久津见老师让孩子们意识到了这一点。

此外，久津见老师还补充了脊椎骨笔直这一点。类人猿主要生活在森林中，用手脚爬树、采摘果实，但随着冰河期的到来，森林逐渐成了草原，生活在那里的动物们也逐渐离开了树木，开始在平地上寻找食物。由此，动物们开始慢慢用双脚行走，脚不断变长、变得有劲，为了能承载住重重的头颅，背直了起来，手也不再用于行走与攀爬，获得了完全的自由。

“像这样，猿人开始走上了成为人类的道路。由于手完全可以被自由使用了，它们也因此成了完全不同于同类的动物。”

久津见老师带着孩子们一起推理，在此过程中，孩子们不仅会十分认真地倾听，还会时不时地基于课本上的知识与信息，积极地提出自己的问题。

牺牲与失败之外

草原生活 “即使和其他同学想的是一样的，也要自己思考一遍，用自己的话说出来。”这是久津见老师经常会对孩子们说的话。

也许正因如此，班上的四十二个孩子全都会非常积极地在课堂上发言。这和那些只以少数“学得好”的孩子为中心而忽略大多数孩子的课堂完全不同，连续观察采访了好几天的我们依旧没能分辨出哪些是“学得好”的孩子、哪些是“没学好”的孩子。

在那次课堂上，孩子们与猿人、南方古猿这一人类的祖先初次见面。几天后，大家在视听教室里通过彩色幻灯片看到了祖先们的生活状态。幻灯片是基于《人类的祖先》一书制成的。书本身是由智利的科学家们以化石为线索编制而成的。“要把最高水平的真实知识带给学生”，这是久津见老师坚持的主义，也是为什么她在教材选择上总是十分“奢侈”。幻灯片最中间的草原上坐着一个正在摆弄动物尸体的猿人，周边还有拿着类似骨头和木棒站立着的猿人，远处可见一片岩石。久津见老师向孩子们展示了这张幻灯片，就猿人的身体特征、生活状态向孩子们展开了提问。

对于孩子们的发言，她都会通过“也就是说……”进行二次确认。如果有了稍微深入些的发言，她也总会确保每个孩子都跟上——“现在××说的东西，大家明白了吗?”“明白了！”这样她才会继续往下。等到班上几乎所有同学都发完言，整堂课已经过了三十分钟。即使如此，还会有孩子表达不满：“我还一次都没说呢。”

吃狒狒 就当我们在疑惑为什么要这么认真地给孩子们看猿人的生活状态时，答案终于揭晓了。

“总结一下大家的意见，就是说猿人的样子还不能完全说是人。那么，有哪一点是它完全和类人猿不一样的地方呢？哪一点是人类才有的特征？刚才大家的发言中也有人提到过，有注意到吗?”

会是什么呢……孩子们一时间陷入了沉默。这时，不太发言的智江小声地回答了起来。

“它们会使用道具……”紧接着，另外两三个孩子也发表了同样的意见。

“会使用道具是猿人和猴子的决定性区别，大家觉得这个答案可以吗?”

“是的。”“可以。”

“那么，这张幻灯片里的道具是什么呢?”

“骨头。”“木棒。”“树枝。”

“这些道具是用来干什么的呢?”

“武器。”“获取食物用的。”

“没错！能制作、使用这些获取食物用的道具是猿人的特点。不管类人猿多么聪明、外形与人类有多相似，它们都做不到这一点，这是人类独有的特征。虽然类人猿身上也有很多与人类相似的地方，但决定了只有猿人‘是人’的还是……”

久津见老师总会在最后附上科学依据。这些最开始像是随意想象出来的很久以前的故事，最后总能让孩子们信服。

“但决定了只有猿人‘是人’的还是科学家们在南方古猿的化石旁发现了很多动物的残骸，都是南方古猿吃剩留下的，如，鹿、狒狒、马、长颈鹿等。其中被吃得最多的还是狒狒。而且要说起猿人吃的是狒狒的哪一部分，令人震惊的是，科学家们发现了猿人敲开了狒狒的头颅、取出了里面的脑髓食用的痕迹。从食物的化石可以看出，猿人将骨头以及石块的尖锐部分作为道具使用。这些都是考古学家们在南非发现的……”

七米高的灰　在中国的首都北京附近，有一个叫周口店的地方。一九二七年至一九三七年的十年间，考古学家们在那里发现了十四个猿人的头盖骨、十二个猿人的下颌骨、三十二个猿人的牙齿化石——据说都来自约五十万年前的人类。

课堂第三天，久津见老师从一百万年前的南方古猿时代讲到了北京猿人的时代。这时，她让孩子们思考了另一个将人类与其他动物区别开来的本质特征。“火，能利用火”，孩子们注意到了。久津见老师进一步问道：“猿人们用火干什么呢？最开始他们是如何生起火的呢？”

“人类最开始也和别的动物一样，看见火就躲开，远远地观望。慢慢的，一些有着特别强好奇心和勇气的猿人开始一步步地接近火源。但在此之前，他们一定也经历了无数次的失败，并因此失去生命，最后只有一两个猿人成功地驾驭了火。”

发现北京猿人化石时，它们的旁边也有许多鹿、豹子、大象、野熊、野牛的化石。考古学家们推测是猿人吃了这些动物。

但猿人们之所以能捕获这些跑得很快又很强大的动物，就是因为他们掌握了用火的技术。要知道发现北京猿人时，那些动物的灰烬堆得足足有七米高。猿人们获得了火，世世代代付出了艰辛的努力将火种保留了下来……

和孩子们一起学习，在此过程中让孩子们意识到人类的伟大，这便是久津见老师的这节课……

孕育了语言的猎人群体

披毛犀的图 五年级三班的教室黑板上，每天都会有用粉笔写上的课程表。这一天的第一节课前，久津见老师将午餐后的第五节“音乐课”和第六节“国语课”都擦了，在它们的位置上画上了“?”。

“哇，是写报告的时间。”“如果真是就好了。”久津见老师在每个课程单元结束的时候，都会让孩子们把学到的东西总结起来。孩子们把这些总结看作大学生们写的报告，每次都很开心，并且养成了习惯。

“第五、第六节课我们在室外上。不过既不是要写报告，也不是玩躲避球。”

嗯？好奇的孩子们一下子议论开来。

午饭后，孩子们按照久津见老师的指示在体育馆边的操场上集合了。只见体育馆外墙的旁边靠着一张用木框装裱起来的巨大动物画像。画像的旁边则是久津见老师利用休息时间从学校的院子里捡来的三十根木棒和几块大石头。

“唉，这是老师之前画的，花了好久才画完的呢。”“真的好辛苦啊。”

其中两三个孩子像是在说着自己的作品，十分自豪的样子。他们是前几天目睹了久津见老师在课上和放学后摊开纸画画的孩子们。不过因为久津见老师是一部分一部分画的，每张纸上只有一部分，当时他们并不知道她在画着什么。今天大家面前的这幅画是由九张局部图拼成的，3.6米长，画中动物占了1.8米，头上还有两根突出的角——是一只实物大小的披毛犀。

据说是生活在二十万年前冰河期的犀牛，所以身体的表面长满了毛。久津见老师画的这头披毛犀头小小的，像是玩具一般，毛发也通过线条细腻地描绘了下来。

“今天要在不说话的前提下让大家理解我的意图。”

沉默令　久津见老师定下的“抓犀牛”规则是这样的——她会将指令写在小纸条上，让组长们记住。紧接着，组长们要在不说话的情况下把信息传递给组里的成员，让大家用木棒和石头完成相应任务。其间一旦说话或者使用了文字就算出局。有点像电视节目里的你画我猜游戏。

随着游戏的开始，记住了指令的各组组长们飞快地散开。六组的组长是片田。只见他先指了指披毛犀的画，然后又飞快地把手收了回来。接下来会是什么动作呢？他咬紧嘴唇思考了一会，突然表现出一副“对了”的样子，然后用左右手分别挽住阿部和田口，用拇指和食指做成圆圈状，用眼神向二人示意。面对这一切，组里的大家一副茫然的表情。

问了问久津见老师，她给六班孩子们的指令是：“巨大的披毛犀来了，有三个人挽起手来那么大。快一起做个陷阱吧。”

二组收到的指令则是："披毛犀正在陷阱里挣扎着。你负责它的眼睛。接着你从后面袭击它的头部。最后由你来刺它的心脏。"看样子也是十分艰难的任务。

七组，组长突然跳了出来，像是在模仿脚被缠住了，但组员们也是一脸迷茫。三组，大家传递信息时发生了矛盾，正在吵架呢。

一个小时后，沉默令终于解禁。大家将自己的理解写在纸上交给了久津见老师，每个班都猜出了个大概，但"一定要从这里通过""能容下披毛犀大小的"等狩猎所必要的内容完全没有表达出来。

群体的智慧 五十万年前，北京猿人和爪哇猿人通过火和工具走上了成为人类的道路。三十万年后，居住在欧洲、亚洲、非洲各地的猿人们因为发现化石的场所而被命名为尼安德特人。

那时候，因为地球已经进入了冰河期，尼安德特人为了抵御严寒，通过火和陷阱等捕获了洞熊、西伯利亚羊、披毛犀等大型动物，将它们的毛披在自己身上，在洞穴里过上了群居生活。要打败那些比自己强壮有力的动物，单枪匹马肯定不行。如果大家不能齐心协力，就会面临生命危险。

为此，特定叫声、特定声音成了群体内象征着独特意义的"语言"，群体也由此能像一个人一样行动起来。猿人们将自己的经验传递给那些未曾有过相似经验的伙伴，知识在此过程中不断积累。

通过"语言"，猿人们将抵御危险与狩猎的技术教给自己的子子孙孙，生命由此得到了传承……

"怎么样，不通过语言来传递信息，大家觉得难吗？"

面对老师的提问，孩子们无一反驳，纷纷举起了手：“是的。”久津见老师告诉孩子们，从猿人们的下颌骨化石可以推断出他们是会说话的。这一天，孩子们也亲身体会到了“人类的祖先们是如何生产出语言的”。

原始的黑暗、燃烧的火焰、群居的洞穴。为了延续生命，在长期的艰苦卓绝生存斗争中诞生的“语言”。孩子们这一天也一定感受到了人类的伟大。“语言”和“生存”之间的密切联系，作为现代人的我们似乎早已忘却了——作为采访者的我们不禁这样想着。

狩猎与采集时代

99%的时代 东京调布市自行车道上，“狩猎和采集！”“狩猎和采集！”孩子们正排起长长的队伍行走着。道路旁的野川沿岸，艾草冒出了新绿，蜂斗菜也萌出了新芽。这是三月初的一天，春天正在到来。

从一月下旬与一百万年前第一次在地球上出现的人类、南方古猿见面以来，久津见老师班上的孩子们已经学习了二十个课时的“人类历史”。这一天，大家正在体验这一百万年的历程。

采集树木果实与草作为食物，狩猎野生动物，“狩猎和采集时代”在整个一百万年里占了九十九万年。也就是说，人类自诞生以来99%的时间都是在无穷的远方缓慢地前行着。

这天野外授课，久津见老师把兴奋的孩子们带到了学校附近小金桥旁的广场。

“人类历史一百万年，今天我们把这一百万年换成长度试试。”

说着，只见她从纸袋里掏出了由好多张纸横着拼接成的年表——一百万年前、五十万年前……随着课程的不断推进，教室里贴着的年表也在不断延长。现在这年表足足有五十多米长，得有好几个人一起提着才行。

年表的最上端和最后分别涂着一点点绿色和粉色。久津见老师用手指点了点绿色的部分，向孩子们提问道：“这个时期的猿人们是怎样获取食物的?”

“狩猎和采集!”大家齐刷刷地喊着。

“今天我们就来走一走这段绿色的路程。刚才有人说不要排队，今天可不行。”

久津见老师给大家定下的规矩是，先右、左、右地走，然后把两脚并拢停住。此外，走路的时候大家要边走便喊“狩猎和采集”——就这样走完一百万年的路程。

念经行进　在起点的位置，大家在路边的栅栏上拴上了南方古猿的模型。好了，出发！两列纵队整齐地迈出了步伐。“狩猎和采集”三步、“狩猎和采集”又三步，就像是两列念经的队伍。

路过的民居门口有三个工人正在搭建围墙，一下都被这奇怪的小学生队列给吸引了。“这什么情况?”

大约走了十五分钟，路旁的栅栏上又出现了一个猿人的模型，这次是北京猿人。起点的南方古猿模型也好，这里的北京猿人模型也好，都是久津见老师在午餐时间和四个同学包括帮忙的记者一起搬出来拴上的。每个放置地点也都是久津见老师上周花了两个多小时精心测量定位的。当时正赶上学生中出现了风疹，整个年级都停了课。说是认真细致也好，久津见老师真的是一个在教学内容上不会有任何懈怠的人。

“这是走了一半？”北京猿人的旁边，班上一群女生已经气喘吁吁了。走到了野川桥上时，正在搭建线路的工作人员为孩子们送上了鼓励：“加油呀。”河对面民居的阿姨也充满善意地和大家挥着手。

经过了披毛犀课堂上介绍的尼安德特人，再走一会儿便可到达七万年前的克罗马农人。

考古学家们发现克罗马农人化石时，在它们的周围也发现了一千多只猛犸象的化石。由此，克罗马农人也被称为“猛犸象猎人”。对于周围那些狩猎成功的勇士，克罗马农人会非常隆重地埋葬他们的尸体，以此表示尊敬以及祈求勇士的起死回生。在那个时代，“生和死”已经在人类思考和感情的世界里登场了——这也是孩子们从久津见老师那里学到的。

学习十米　孩子们的念经队不知不觉到达了车桥前的终点，距离起点九百九十米，终点处站着一万年前的人类模型。换句话说，孩子们走过了人类最初登上历史舞台后九十九万年的狩猎与采集时代。

“呼……”孩子们累得在路边一屁股坐下。这时，久津见老师从纸袋里掏出了什么，将它们一个个分给了坐在地上的学生们。是核桃，和狩猎与采集时代十分契合的食物。孩子们试着用石头敲开核桃，又是一阵喧闹。

“接下来还有一万年。帮我拿下这个……”只见久津见老师掏出了另一张蓝色的、细长的纸，不同于刚才的年表，她让几个孩子帮着展开，长度正好是象征着一万年的十米。

“现在最头上的，安田拿着的那部分，就是大家生活的现代。也就是说，大家从出生到现在，在这上面只有签字笔笔头那么细的宽度……”

“什么?”孩子们一脸震惊。蓝色的纸张在微风中轻轻地摆动着。

“这就是大家接下来要学习的时代。”久津见老师指着这张什么都没写的十米长纸说道。

— 第一次产业革命 —

校园里摇摆的稻穗

闻所未闻　“狩猎和采集”念经队走过了九十九万年狩猎与采集的时代。接下来，他们将在课堂上挑战年表上剩下的一万年。

随着冰河期结束、地球变暖，许多适应了冰河期的动物开始在地球上灭绝。以这些动物为食的猿人们的生活方式也由此发生了改变。而在动物不多的南方地区，猿人们不仅会在捕猎间隙采集野生植物，甚至还发明了植物种植技术。将野生植物改变为栽培植物——换句话说，人类农业迈出了历史上的第一步。与此同时，猿人们也通过圈养动物，将野生动物变成了“移动食材”……“农业与畜牧时代”由此拉开帷幕。

在五年级的社会科教材中，“日本的农业”是与工业同等重要的一大内容。

为了更好地让孩子们学习“农业与畜牧时代”，久津见老师在教学计划上花费了很多心思，希望孩子们能对农业有一个非常具象的理解。

“让孩子们实际去种一种水稻怎么样?”去年五月初，久津见老师和同年级的其他授课老师这样商量着。而且还是“在校园里种水稻”这样一个闻所未闻的教学计划。

校长青井胜太是一个十分支持一线老师课堂创意的人。

“城里的孩子是不知道粮食被生产出来的过程的。水稻也好，麦子也好，让他们动动身体去种种，有一点农作的体验都是好的。也就是说要把水稻种植放到学校教育里去。”青井校长说道。

提议者 久津见老师在誊写的学级通信《燕》里记录了学生们种植水稻的过程：

> “水稻是适应日本土壤与气候的重要农作物，在日本已有很长的种植历史。农民们一直以来非常努力地种植着水稻。如今，水稻种植技术有了非常显著的进步。”这是教科书里的原文。如果孩子们只是死记硬背这段话，不知道一些本质的东西，比如水稻是什么、如何种植水稻、用自己的双手生产出大米是怎样的体验，所谓的学习便只能止步于看着书本上的照片与插画、记住解说的文字。很快就能记住的东西也是很快就能被忘却的。对于粮食生产这一农业的基础，我希望孩子们不仅仅只是通过眼睛，而是尽可能地能通过自己的身体去理解。

但是计划归计划，真要做起来应该怎么办呢？作为提议者的久津见老师一边在书里寻找答案，一边也四处请教农业试验场的工作人员与附近农家的居民。在《燕》里，她也写上了“有经验的各位家长还请告诉我具体种植方法与注意事项”。拥有专业知识和技术的人都是老师——这是久津见老师的观点。

在学校附近从事农业种植的远藤友好（五十三岁）成了其中一位老师。远藤先生现在主要是种蔬菜和栗子，没有在种水稻。不过水稻种植的方法他也没有忘，他经常会在空箱子里种植。

“呀，真的是很惊讶。现在应该很少有那样的老师吧，为了能让孩子们多知道一点，这么努力。刚开始我也怀疑她是不是认真的。后来聊多了，知道她确实是下定了决心。放学后来，早上上班前也来，有时候自己拉着拖车来拖肥料……我看着也觉得很高兴。”

特选米　水田用地选在了教学楼西边的院子。五月下旬，一百七十七位五年级学生一起参与了这项土地大开垦的行动。由于学校所在的这片土地原先就是由水田填起的，在挖掘、复原的过程中，大石块、瓦砾、牛奶瓶、碎碗、钢筋、铁丝，什么都被挖了出来。一挖下去就会把铲子挖弯，工作进行得十分艰难。

四十二平方米和四十八平方米的两片水田，有四十厘米深，底部铺上了两毫米厚的塑料皮。接下来是要把挖出来的土倒到过滤网中过滤，将筛出来的细沙土铺到塑料皮上，浇上水搅拌……这些步骤，写起来像是很简单，但实际上真的是一项十分艰苦耗时的工程——全年级四个班轮流忙活了三周，除了班主任，学校里的后勤人员也赶来支援。在大家的齐心协力下，终于，水田建成了。

溜溜的　不行
拔出来
咿呀　嘿呀
踩进去

呷呀　嘿呀
就像是个　大泥潭

把从农协那里领来的稻秧插到地里的那一天，孩子们写了这首诗。为了每天早、中、晚（放学后）都能调整水田里的水量，孩子们轮流当起了水田值班员，每周换一次班，确保大家都能参与。八月，水稻开花，大家忙起了观察记录。九月，各班展开了竞赛，用果汁罐头制作风铃，还有稻草人。运动会上，五年级的孩子们带来稻草人，跳起了丰收舞。

就这样，这个秋天里的每一天，孩子们都过得繁忙而又充实。终于，“野川小学特选米”收获的日子到了。

从水稻种植中学习历史

收获之秋　“割稻子之前我摸了摸这些稻子，稻穗上结着一粒粒的稻谷，甚至会让人觉得割下来十分可惜”“把割下来的稻谷绑成一捆捆的过程令人难以想象地困难。要用左手握紧、按住绳子，然后用右手一圈圈地把线绕上。如果系得太松，还得再来一遍”“我们把一捆捆的稻谷靠在走廊的护栏上晒，让护栏间的缝隙把它们夹住”“晒在走廊上的稻穗随风飘动着，发出沙沙沙、沙沙沙的声音”“割完稻子后的水田让人觉得十分冷清。大家一点都没剩下，把整片田都割干净了”……

十月二十七日的学级通信《燕》上，久津见老师摘录了上面这些学生们的作文片段。

“站在操场上看，就像是茅草房的屋顶”，孩子们形容的这晒满了稻谷的走廊甚至引来了一群群的麻雀。教室里上着课的大家也因此心神不宁，“喂喂，你们这些笨蛋”，是教室窗户里传出来的赶麻雀的声音。

完成干燥工作之后，便是脱壳了。久津见老师让每个孩子都做了一个手工脱壳机——将合成板削成梳子状，在板上钉上许多小钉子并打上小孔，让稻谷从中通过……她先让孩子们把稻谷都摘了下来，紧接着用脱壳机脱壳，最后还让孩子们用了用从附近农家借来的铁耙。经过这三阶段的工序，孩子们理解了道具作为手的延展工具的意义。

在脱壳之前，久津见老师让孩子们预测一颗种子最终可以变成多少粒米，然后让大家实际数了数。孩子们的答案中，最少的是三十粒，最多的是二百五十粒。而最终结果证明，平均是四百四十六粒。

剩余生产物　“是想都没想过的数字，太惊讶了”“虽然看起来很少，但实际数起来每一根茎秆上会有个一百三十六粒、一百八十四粒……这样下来，一株就会有四百四十六粒，好厉害啊”“少了一粒就糟糕了，因为这样最后就会少一百粒”“长出来的比我们种下去的还多，这样我们就能吃到更多大米了”……

作文里，孩子们这样写道。

“增加”这一发现，是接下来久津见老师将要上的“农业与畜牧时代”课程的重要铺垫。

随着冰河期的结束，人类生活从采食自然果实、草木过渡到了培育植物、种植粮食的农业生产时代。如今，我们吃的稻谷、小麦、玉米、南瓜、香蕉等食物，最初都来自这一万年前农业与畜牧时代的黎明期。许许多多无名的祖先花了数千年发现了将野生植物改变为栽培植物的方法，并不断改良这种方法，之后才有了这些食物。

其中，稻谷、小麦、大麦等谷物更是成了后来社会变革的基石。因为这些谷物的一粒种子可以变成一百粒、一千粒，且具有便于储藏、便于搬运的优点。

通过种植谷物，人类生产出了超过自己与家人生活所需数量的粮食，即剩余生产物。在此基础上，由于实现了粮食的储藏，人口不断增加，有利于耕地、养殖家畜共同体的形成，人类的定居生活也由此实现。

而随着人口的不断增加、共同体规模的不断扩大，剩余生产物得以进一步储藏，人们进而开始从事粮食生产以外的活动，社会分工也由此开始。人类制作了煮食、储藏用的器皿、农具、织物，发展出从矿石中提取铜、青铜的技术，在这一产业革命的推动下，剩余生产物数量进一步增加。终于，神职人员、政治家、军人等角色开始出现，国家也由此诞生。

甜味　孩子们通过自身辛勤的汗水，将一粒米变成了四百四十六粒。毫无疑问，这一体验将成为久津见老师接下来课堂的重要抓手——让孩子们理解人类祖先所走过的伟大历程。

说起我们这一代人的历史学习，大多靠的都是死记硬背，“德川家康在繁华的江户拉开了历史帷幕（一六三〇年江户幕府成立）”“引发了暴力斗争的‘五一五’（一九三二年‘五一五’事件）”等等。由此，对于我们来说，印象里历史就只是考验记忆能力的无聊内容。而当这样的我们体验了久津见老师的课堂——通过体力劳动、通过大米这一食物让孩子们自己去发现、理解历史形成、发展的规律，羡慕之情实在无以言表。

好了，接下来便到了本次体验中最快乐的日子——把大家齐心协力种出来的大米做成米饭吃掉的日子。

去年十二月的一天，久津见老师把孩子们带到了家庭科教室，给每组分了一口锅，让大家自己煮米饭。

告诉孩子们该放多少水后，接下来的过程便都由孩子们自己完成。终于，锅盖开始嘎达嘎达地响动起来。那里边的米饭究竟是一种怎么样的味道呢？班上的孩子久米在作文里这样回答了我们：

> 把煮熟的米饭装到碗里，夹了一口送进嘴后，我不由得发出了“哈”的一声叹息。我们辛辛苦苦生产出的大米里，有一股淡淡的甜味，非常好吃。

— 国家的诞生 —

想让孩子们炼铁

秘传 在穿越新潟县北蒲园谷仓地带的国铁羽越线上，有一个叫月冈的小站。从那边向东四千米、经过乡土温泉，就能来到刀匠天田诚一（四十八岁）的家。他家坐落在一片绵延丘陵中的小山坡上，这一带被松林包围着，只有两三户人家，十分冷清。

前年的八月初，暑假期间，久津见老师来拜访了天田先生。在那之前，天田先生先是接到了久津见老师的电话，得知这位女教师希望能从他这里学一点炼铁的技术回去教孩子们，为此将从东京专程赶来，他吓了一跳。

天田先生是日本为数不多的刀匠之一，他继承了日本自古以来的制刀技术，自己炼钢来制作日本刀。

据说久津见老师在报纸上看到的横纲北湖太刀就是天田先生做的，由此才知道了他的地址。

“听她说了很多，真的被她对教育的那种热情，或者说认真的态度给感动了。所以我当时想的也是，一定要让她能顺利地教会孩子们怎么制铁、一定要满足她的心愿。我跟她说‘只要真的想做，就肯定可以做成’，她的眼睛都放光了，很投入地听我说，也很认真地记笔记。为了让孩子们能联想到古代的制铁技术，我专门选择了会用到砂铁和鼓风器的这种日本最古老的制铁法教给她。她好像也做了很多功课，问出来的问题也都很尖锐。”

在天田先生的工坊里，久津见老师画了他生炉子的样子、跪坐着研磨药粉的样子，甚至还学习了将木炭变为粉炭的技巧。带着这些经验，她回到了校园。

砂铁的重量　八月三十日，第二学期马上就要开学了。这天早上，久津见老师来到了千叶市川崎制铁千叶工场。这次同行的还有同一个社团的其他五位教师。

在这之前，久津见老师先是听说了某大型制铁公司的技术部长在电视上谈论了制铁内容。她联系上那位部长，提出了请求，希望能从这个公司买一些砂铁回去。可那个部长当时就拒绝了：“（这个砂铁卖给你去）造炉、制铁什么的，绝对不行。”

“如果是川崎制铁的话，他们倒是可能在用千叶县九十九里产的砂铁。”久津见老师这样一想，马上又给川崎制铁打了电话。对方庶务课的员工热心地听了她的诉求，说：“那你们先来工场参观一下吧。回去的时候我们可以分一点砂铁给你作为礼物。”

就这样，久津见老师一行六人戴着借来的安全帽，在偌大的工场里参观了三个小时，回去时带回了足足三十公斤的砂铁。

新宿站，久津见老师告别了同行的老师们，把大家背来的砂铁都倒到了自己的双肩包里。肩带一下子紧紧地勒住她的肩膀。就这样，她背着包，拖着沉重的步伐一步步地回到了家。

第二学期开学，久津见老师带着砂铁来到了学校。一进玄关，就看到了一个冰箱大小的铁路包裹。工作人员对她说：“是寄给老师您的。”她翻过包裹一看，这包裹是天田先生寄来的。

开学典礼一结束，久津见老师便迅速拆开了包裹，里面有泛着黑色光泽的大型鼓风器与送风管、粉炭、砂铁。

第二天，天田先生的信也寄到了——彩色信封，黑色墨迹。信上写道，砂铁是岛根县产的，还原度最好。天田先生还在信里加入了图示，详细地介绍了制作方法与注意事项。

铁器时代 在那之后，久津见老师与天田先生之间一直保持着书信往来，加在一起得有十多次。此外，好多个清晨和夜间，久津见老师也会从自己家里给天田先生打去电话，加在一起也有几十次了，都是为了确认制铁的细节。而天田先生每次都会积极地鼓励这位努力挑战古代制铁法的教师。“我等着您把那些砂铁变成铁的那一天”，这些话深深地留在了久津见老师的心里，她告诉自己，已经没有回头路了。这时，马上就要迎来秋天了。

“相信各位家长已经从孩子们那听说了‘炼铁’或者‘建制铁所’的事。实际情况是这样的……”

九月里某天的学级通信《尽头》里，久津见老师向家长们这样解释了她想让孩子们学习炼铁的愿望：

> 在历史课的教学中，我一直让孩子们“通过身体去学习”，但只有铁不一样，光靠手可不行。即使大家能够说出制铁就是要取出铁矿石、用高温的炉子加热，具体细节还是描述不出来的。人类的历史，按照其使用的工具可分为石器时代、青铜时代与铁器时代。据说人类最开始成功地造出铁、使用铁是在大约三千年前，而由此开启的铁器时代也一直持续至今。铁也可以说是大大改变了人类社会的一种金属，所以我想让孩子们去实际体验一番人类究竟是怎样将铁制造出来的。

八年“恋爱”结果

制铁所　九月中旬的一天，久津见老师在学校老师、社团同伴以及父亲、哥哥组成的应援团的帮助下，开启了校园东南角高炉建造的工程。

首先是建造高炉的基础。需要将事先切割成三分之一深的大铁桶埋到地下——在地面上挖出三十厘米深的坑，用沙、砖块、水泥将底部与周围进行加固，然后在铁桶中装入粉炭，压实，并用木槌将铁桶紧紧地敲进坑里。这样一来，烧火的时候就不用担心会把地里的水分吸上来了。

接下来，需要在铁桶上一层一层地垒上耐火的砖块。砖块是久津见老师的家人帮忙找的，下班后她还用自己的车帮忙运了过来。堆了三四层后，需要用水泥将内壁涂上，这样一来，七十厘米高的高炉就建好了。

高炉壁开了一个向里倾斜三十度的孔，是用凿子在两块砖块上分别凿出半圆形后拼成的，主要用于插入鼓风器的送风管。在此基础上，大家还在高炉上盖了一个由四根柱子支撑的、可移动的屋顶。看到这一步完成后，孩子们都欢呼着：“野川制铁所建成了。”至此，整个建造过程已经过了两周，都是大家在休息日和放学后慢慢推进的。

在建造高炉的同时，孩子们也一直在制作着燃料芯。燃料芯是用砂铁粉、木炭粉混合后拌上胶水制成的，将它们与木炭一起扔到高炉里燃烧，木炭产生的一氧化碳就会抢夺砂铁燃烧后产生的氧气，进而形成二氧化碳。

为了制作这些燃料芯，大家坐在教室外的走廊上，用小铲子在合成板上搅拌着砂铁与粉炭，倒入胶水，拉成五厘米厚的混合物后，再将它们切成将棋棋子大小。

云的方向 在学级通信《尽头》十月七日的那一期中，久津见老师这样写道：

> 在校园的一角，秋千的旁边，一个小的高炉终于建成了。十二日（周六）要开始正式炼铁了。虽然活动从早上开始，但全部完成要到下午了，当天请孩子们自带便当……周六如果各位家长时间方便，也请一起来体验一下，给高炉吹吹风。

那个周六下起了大雨，计划泡汤，顺延到了下一个周六。

而第二个周六也是一大早开始就风起云涌。校园里柳树的枝条都被大风吹得横了过来，之后便是倾盆大雨。为此，孩子们开始做起了晴天娃娃，祈祷天气能转晴。

“风是不是小点了？”“再停一会儿，感觉就能开始烧了哦？”大家都等待得十分焦急。

就当久津见老师开始放弃，说“今天可能也不行了”的时候，乌云突然散开，露出了一片湛蓝的天空，风也停了下来。

“啊，天晴了！”“可以的，老师！”孩子们都站了起来。好的，那就开始干吧。久津见老师给消防署打了电话，通知他们学校这边将要生火后，便和孩子们一起走向了操场。

秋千的声音 鼓风器、燃料芯、木炭、铁锹、铁棒、记录用画板……孩子们把事先准备好的道具都搬到了炉边，在距离高炉几米的位置上严阵以待。规则都已经制定好了——作业分为每两人一组，轮流进行。久津见老师的社团同伴们也赶来助阵，上午十点五十分，制铁工作正式开始。

三十分钟后，高炉内的温度超过了一百度，炉火旺盛。孩子们将木炭和燃料芯交替扔入炉内，一刻不间断地捣鼓着鼓风器。与此同时，大家也把整个过程都记录了下来。两个半小时后，炉内达到了最高温一百四十五度。

开始作业五小时后的下午两点多，大家停止投入燃料芯，开始用铁棒和铁钳拆起了炉子，从上往下取下砖块，拆到第六块时，一个燃烧着的、火红的物块一下子滚了出来。孩子们发出了“哇”的惊呼，只见那物块在接触到外部空气后立刻变成了深灰，最终变得漆黑。

孩子们先是用铁棒和铁锹碰了碰，只听传来了轻微的金属声。再用力敲了敲，这次，黑色物块发出了透明的敲击声——当，当。

“是秋千的声音!”

“真的，和秋千的声音一样!”

炼出铁了，变成铁了，孩子们交替着敲地上的这个黑色铁块。

对于久津见老师来说，这一天就像是和相恋八年的恋人重逢的日子。“铁改变了人类的历史”，也有书中写着“铁是权力的象征”。但是，不论事先读了多少相关书籍，一旦站到孩子们面前，她都没有自信能让孩子们理解任何关于铁的内容，只有黑板和粉笔是不行的……在这一想法的激励下，她一直在寻求更好的教学方法。今天，她终于实现了这八年多来的执念，在学校操场上建起了制铁所，烧起了火。

“风中的寒意开始有些刺骨了。一直想着跟您报告一下制铁的事，转眼间就拖到了这时候……”

十一月中旬，川崎制铁千叶工场收到了久津见老师的致谢信。满满四页便签纸上生动地记录了孩子们当天欣喜的模样，还有当天她抓拍的孩子们的照片。

讲述鲜明的历史剧

村落与国家　翻开小学六年级的课本，日本的“国家的诞生”一章中有这样一篇课文：

> 随着时间的流逝，强势的村庄开始让周围的小村庄服从自己，逐渐地扩大势力范围。由此，小村庄也不再小了。

在另一本教科书中，我们看到了下面这样的内容：

> 终于，大村庄开始合并小村庄。由此，一个小的国家诞生了。

其他教科书也是一样，描述的都是从“村庄”到“国家”的发展，加上“终于”“逐渐”等副词的修饰。在大多数课堂里，为什么“村庄”变为了“国家”，“国家”究竟是如何成立的，还没等孩子们反应过来，课程就往前推进了，而大家也因此觉得自己明白了。

“实力”“趋势”“势力”，这些词经常会在教科书里出现。调查显示，某一教科书中出现了六十四次这样的词汇。但是，关于这些词汇具体是什么意思，大家好像也只能说出个大概，似懂非懂。

久津见老师的“人类的历史”课堂已经为孩子介绍了农业与畜牧时代，在这个时代里，从大自然中狩猎、采集食材的人类开始利用大自然生产起了食材。在这之后，她又将如何讲述国家诞生的过程呢？我们一起来看看课堂记录吧。

向农业时代迈出了一步的人类社会，通过生产出自身与家族所需数量的粮食后，即生产出剩余生产物后，开始有了从事非粮食生产的“专家”。社会分工开始形成，生产力得到了进一步的发展。

奴隶社会　“假设每个人每天需要一个面包。一个人一天能生产出1.1个面包，十个人的话一天能生产出几个呢？”

“十一个。”孩子们回答道。

“一百个人呢？”“一百一十个。”

“一百个人能生产出一百一十个面包的话，会剩下几个？”

“十个！”

关于这个剩余理论，久津见老师已经在课堂里重复了很多次，确保大家都理解后才继续往前。

在没有剩余生产物的时候，共同体之间的纷争往往在于抢夺好的狩猎场地与土地。而在剩余生产物出现之后，获胜的一方开始将俘虏作为奴隶，由此得以生产出更多的剩余生产物。

“假设最少给每个奴隶一个面包，一百个奴隶能多生产出十人份的剩余生产物吗？获胜的一方能够一直无忧无虑地生活下去吗?”

如果共同体之间的纷争会为获胜的一方带去利益，那么战争就只会不断上演，由此分出获取剩余生产物的一方与被夺走剩余生产物的一方。在此基础上，获胜方的战争领袖会因此获得部落的信赖与尊敬，进而从共同体中分得家畜与奴隶。

“如果能得到有助于生产的资源，那么，既可以增加家畜的数量，也可以让更多的奴隶为自己创造出更多的剩余生产物，这些都是从共同体中分得的私人财产。这样一来，你们觉得共同体内部会发生什么呢?”

久津见老师抛出了问题，让孩子们思考共同体内部会发生的变化。

当上述情况发生时，一直以来作为部落共同财产的生产手段将归个人所有，财产所有者自此开始只为自己与家人工作，不平等由此发生，共同体从内部开始崩塌。另一方面，领导者的实力不断增强，逐渐成为对部落整体生活拥有发言权的王者。

拥有生产剩余物的手段以及支配他人生活能力的王者为了镇压反对奴隶制度的人群，开始培养起了军队。

“部落不再由相互有血缘关系的成员构成，我们将这种由非血缘关系成员构成的社会称为国家。而当时这些由许多奴隶支撑着生产的国家便是古代国家。”

武器与农具　久津见老师之所以在校园里建起了高炉，让孩子们体验炼铁的过程，就是想让大家能具体地理解在上述情况下形成的国家会因为铁的出现而发生巨大的变化。

和一直以来的铜器相比，铁的生产资源更丰富，由此，便宜的铁制武器得以在军队中普及。拥有铁器的国家由此能毁灭只拥有青铜武器的国家，在此基础上建立新的国家。此外，人们开始用铁斧与铁锄开拓山野，将黏土土质的土地也变成耕地，剩余生产物得以进一步增加。也就是说，铁制武器与农具成了古代国家发展的基石。

孩子们用自己的双手搅拌砂铁与粉炭、用鼓风器让炉火熊熊燃烧，在这一炼铁过程中学习和铁有关的知识。这样一种学习体验也一定能把那遥远的、古代传说般的人类历史一下子拉到他们的身边吧。

和久津见老师一起炼铁的孩子们现在已经是中学一年级的学生了，我们去拜访了这些学生。他们还保留着当时用铁锤敲开后分得的鹌鹑蛋大小的铁块。掀开包裹在铁块外层的脱脂棉时，大家露出了得意的笑容：“只有我们有自己炼的铁哦。”

一　课堂的诞生　一

根据孩子们的反应摸索

夏日　久津见老师的标志就是她的发型。也许是因为经常要剧烈运动，她将稍长的头发全部梳到了脑后，在后边随意地绕了几圈定住。我们问了十多年前她教过的学生的家长，据说从当时开始她就一直都是这个发型。

“不过有一次，好像是家长会吧，她把头发放了下来，还烫过了。大家开她玩笑说‘今天好漂亮’，她的脸一下子就红了。”有的家长还回忆起了当年的场景。战败的那个夏天，久津见老师还是一名中学一年级的学生。令我们惊讶的是，时至今日，她有时也还会露出家长们回忆中的那种少女的羞涩表情。

一九六四年夏天，这样说起来，正好是家长们回忆起她害羞得脸都红了的那一年，久津见老师一个人从上野搭乘常磐线去了太平洋沿岸茨城县大洗海岸。在河流的入海口处，有一家船宿。那是一个炎热的夏日，抵达那小小的车站时，同一辆电车上也下来了几位男士。

“啊，这些人也是，那时候不可思议地凭感觉分辨了出来，上去问了问果然是。然后我就屁颠屁颠地跟着他们走。”

那一天，教育科学研究会社会科包下了整个船宿召开部会。久津见老师在杂志广告上看到了消息，一个人一手拿着地图就赶去了。

海岸线　“我小学的时候，都是死记硬背，神武、绥靖……战后都是这种被篡改过的教科书。高中的时候，我第一次听到社会科的名字，当时就很期待，这门课会教什么呢？和小学内容相比，是不是有什么进步之处呢？结果要说做了什么，就是去附近的甲州街道数街上有多少辆车。那时候街上都还没什么车，就记得天气很冷。然后地理的话，就是背地名和默写地图。只要能写整齐、写漂亮就可以……真的就跟填图画一样。”

但当我自己站到了讲台上……当时同样也是毫无创新地按着教学指导上课。班上两三个有基础的男孩子会跟我互动一下，其他孩子的话，有的开始削起了铅笔，有的开始讲起了小话，都不怎么听得进去。

我试着强行让大家“安静”，但反正就是完全上不好课。

后来觉得这样下去不行，就决定了主题，“这次大家就来查一查日本农业”，尝试了一下这种自由研究。

“大米的生产量、机械化，我给每个组都决定了课题。你来写在模造纸上，我来画图表……像这样给大家分工。让孩子们发表的时候，大家还都像模像样的。我这边也终于觉得做成了什么。”

但是有一天，久津见老师不经意间注意到班上的一个女生正在用笔尖像针一样尖的彩色铅笔用心地画着海岸线。看着孩子那个样子，久津见老师一时不知如何是好。

“这样下去可不行，这样下去的话，对这个孩子来说，社会科就止于日本列岛的海岸线了。我当时应该也很受刺激，因为那个孩子那时候穿的衣服我至今都还记得。”

错觉 但是如果抛开这种自由研究方式，手里就什么也没有了。为此，在其他老师的推荐下，久津见老师尝试了一下当时“进步派”教师们经常使用的实践记录——《历史教育的钥匙》。这本书详细地记述了课程的教学方法，课堂内容包括农民暴动等主题，从对孩子们的提问方式到板书（老师们在黑板上写的字），都详细地记录在了书中。

“看了这本实践记录，连我这样的老师都能把课上好。我也稍微查了一下，就为了能把课讲得绘声绘色。因为查到的那些内容是孩子们完全不知道的，有那么一瞬间，我真的看到了他们眼里闪着光。”

当时，不少有良心的教师偶尔会在问题意识的驱动下，在社会科课程中加入基地、核试验、越南战争等现实问题，并且是不加篡改地将最真实的内容带给孩子们。大概久津见老师也认为，只有这样才能推动社会的进步。

> 能迅速地感知到老师意图的优等生们如果能回答出“整个四国地区的国土都被征作美军基地，所以日本并不能说是真正的独立”，那课堂的目的就达到了。一时间我也陷入了这样一种错觉。也一直继续着这样的课堂内容。

久津见老师写下的，正是当时的情况。

结果，这其实也不是孩子们真的觉得有趣、会思考、会参加的课堂，而成了一种变相的死记硬背。认识到这一点之后，久津见老师开始拼命地摸索新的方式——有没有什么社会科能让孩子们自主地、积极地参与，能由孩子们自己去塑造整个课堂？就在这时，久津见老师看见了大洗集会的广告。

船宿二层的客厅里聚集了四十多位老师。“啊，那不是有名的××老师吗！”远远地看着坐在前边的大学教授们，久津见老师选了一个角落坐了下来，认真地听起了老教师们的报告。

自此，久津见老师的教学轨迹也发生了剧烈的变化……

舞台背后激烈的格斗

相遇 大洗海岸船宿里召开的研究集会在炎热的夏日里一连召开了两天，其间，参与者们也都住在里头。

“当时大家讨论的具体内容大多都不记得了，但是听着能知道他们所追寻的方向正是我所追寻的。他们让我意识到了一直以来我艰苦探索的、失败无数次的社会科教学好像是有错误的。并且，大家的讨论也都在深入并试图构建教学的本质，大家也都在探讨应该教孩子们什么，等等。我就这样远远地看着、听着，但到快结束的时候，有一个让大家轮流发言的环节，每个人要说一下之后要选什么课题。轮到我的时候，我说的大概就是，请让我加入历史组。然后，好日子就到头了，嘿嘿……”说到这里，久津见老师耸了耸肩。

那天集会的召集人中，有一位行为举止奇怪的教师，有时候他甚至会躺到桌子下面去。他就是社会科部会的事务局长白井春男老师。在举手要参加历史组的久津见老师接下来要加入的社团里，白井老师可以说是核心人物。

就在当时，白井老师已经有了要在小学社会科里加入“人类的历史”的设想。说起小学的历史课，一直以来都是从战前讲到日本史、再讲到世界史，这个顺序从来没有被质疑过。但白井老师的想法是，要反过来，先讲世界史，再讲日本史。

> 我所指的世界史并不是各国的历史。可能说是人类史比较好……那些很久以前的人们的衣食住行以及生产方式，才是适合作为人类一般文明发祥的学习内容。也只有这样的内容，才能说清楚人类的历史发展是有规律的。

白井老师在社会科部会的机关志里这样写道。

空白台本　东京世田谷区三宿町。从中心大道转进小路，就会到达一片具有旧时风情的居民区。白井老师的家就在这里，一幢坚定地保存了旧时建筑风格的木制二层建筑。大洗集会的一年后，试图深入研究历史教材的教师们开始在这个民房的一层办起了名为“世田谷社团”的集会。

最开始的时候，社团学习主要以中学生用的历史教材为中心，之后重心逐渐转移到了小学高年级学生用的“人类的历史”这部分内容。也是从那时起，久津见老师开始成了社团里十分重要的一员。因为每当白井老师用文字写下了教学提纲，久津见老师都是那个把它实践到自己的课堂里、实际去教自己负责的六年级学生的人。

但是，如果只是照本宣科地读白井老师写的提纲，肯定还是上不好课的。应该问孩子们什么样的问题、要使用什么样的教学道具……久津见老师一边请教社团的老师们，一边迈出了自己颤颤巍巍的步子。

送走了那一年的毕业班后，久津见老师开始负责起了五年级学生的教学工作。从第一学期开始，她面对的又是“人类的历史”课堂。而就在第二学期都快要结束的时候，课本内容设计却远远没有跟上，只完成了一百万年前“狩猎与采集时代”到一万年前“农业与畜牧时代”的部分。这就好比舞台剧演员演完了第一、第二幕后，第三幕的台词却还没有开始写。

“当时也试着逞了逞强，要不自己编试试吧，但是真的去做的时候发现还是很难的。要么就是这部分放弃，回到原来的教科书，按教科书上吧……总之就不知道该怎么办，特别迷茫。”

原动力 但孩子们又是什么样的状态呢？看到对之后的空白台本毫不知情的孩子们，久津见老师更是压力大。“老师，接下来会怎么样？之前的课太有趣了，接下来也要一样有趣哦！”

“其实老师很迷茫，不知道怎么办呢。”

“继续上嘛，继续上嘛。”

久津见老师从未看过孩子们如此兴致勃勃、充满期待的样子。这是因为教材内容本身激发了孩子们的兴趣，让他们第一次感受到了历史的趣味。

其实久津见老师自己也是一样。在死记硬背“神武”“绥靖”的历史课堂中成长起来的她，在编制课本时好几次都吓了一跳，感慨于人类的伟大：“唉？还有这么一件事？之前完全不知道。”自己觉得有趣，然后迫不及待地想要把这份新奇分享给孩子们——凭借这样一种自驱力来进行教学，久津见老师感受到了真实的“对课堂的掌控感”。

好的，那就试试看。下定决心了的久津见老师和白井老师就此开始了堪称“惨烈”的斗争。为了省下打草稿的时间，白井老师直接在纸上用打字机打起了文字。久津见老师则是抓起这些文件，回家一边做校对一边为第二天的教案做准备，查找相关文献、准备教学道具，每天都得忙活到深夜。

> 人类在漫长历史中与残酷的大自然做斗争，为此制作工具，利用工具来支配自然，我希望孩子们能为此而感动，并且感受到人类的这份伟大、历史的这份重量……所以那时候满脑子都是如何让孩子们感动于人类的伟大，如何让他们把这份感动内化。

久津见老师用文字描述了当时的自己。

为了“让大家懂”所作的战斗

老师的敌人　“有些时候吧，明明做了充分的准备，也确保自己紧紧地围绕着课堂目标，但作为课堂主角的孩子们就还是一副茫然的样子，完全没有回应。他们虽然试着去理解我的意图，但并不明白我在问什么。这样一来，我这边也慌了阵脚，试着变一变发问的角度什么的，但好像还让孩子们更混乱了，大家开始做起了小动作。这样一来，其实就是我们教师的失败。对于我们来说，孩子们就是‘敌人’。”

久津见老师故意用了“敌人”这样一个反语，将教师们想要让孩子们懂得时那种严肃斗争的艰苦状态表现了出来。

“懂”，究竟是什么呢？久津见老师在“人类的历史”这堂课上，好几次都在“敌人”面前进退维谷。通过这堂课的教学，她更是坚信了用“语言”对孩子们进行灌输、让孩子们能用“语言”进行解说的课堂并不是真正的课堂，孩子们也并不能真正地“懂”。“语言表达主义是不行的，要让孩子们理解具体的背景、让他们通过身体去懂得”，这才是久津见老师的做法。

让孩子们理解具体的背景……这话嘴上说说容易，落实到课堂中却绝非易事。要让孩子们知道一万年前人类的祖先第一次通过利用大自然将野生植物改变为栽培植物，并由此开始了粮食的生产，这一教学过程也是如此（并不容易）。

比如，对于像狗尾草这种用手一碰就会把它的果实碰下来的野生植物，人类花了好几千年才将它改良成了果实不易掉落的栽培植物——如今的粟米。

每到周六，久津见老师就会四处寻找粟米，因为她想让孩子们实际碰一碰，亲身体会它们的果实究竟容不容易掉落。

听说东京郊外有一家饭馆会提供粟米饭，她便专程赶了过去，可对方有的都是那些不带秆的粟米。最后，就在久津见老师家附近两百米不到的花店，她找着了插花用的粟米。

织布　教到十八世纪产业革命时，久津见老师想，要让孩子们理解纺织机械化这一生产技术是一项“飞跃性的进步”，就必须先让大家了解在那之前的生产方法。但是，究竟该怎么做呢？

首先，她让孩子们把棉捻成了线。与此同时，她自己用废弃的桌椅制作了一台原始结构的织布机，让孩子们用织布机把线织成布。通过这一系列的体验，她希望能让孩子们彻底地理解织布曾是一件十分消耗劳动力与时间的事，制作出供大家穿着的布料其实是非常辛苦的体力劳动。

通过织布这一体验，她也希望孩子们能具体地感受到古代日本以布纳税的严苛与残酷。

“人类的历史，是在无数失败中获得十分稀少的成功，并以此创造出新事物的历史。这一创造过程也并不是靠某一位伟大的发明家就能轻易实现的，而是靠许许多多无名的祖先不断地积累经验、传递下来的。我希望孩子们能通过我的课堂理解这一点。”久津见老师说道。

严格命令　周日也要时不时地展开教材研究的久津见老师究竟是怎样度过每一天的呢？我们试着对她的行程进行了一段时间的跟踪记录。以二月为例，这个月里，她总共参加了十七次会议，校内校外的教材研究集会十一次、职员会议三次、当地家长会两次、讨论主任制问题的组合委员会一次。此外，毕业对策委员会等校内谈话几乎每天都有。为学级通信和算术题作业制版，为马拉松大赛制作号码簿和表彰带、奖状。此外还有组合分会委员的工作。这样看下来，只能说当老师可真不是什么划算的工作。

早上六点起床后冲出家门，回到家的时候已经过了晚上七点。这样的日子已经持续了好几天。回家路上冲进超市买东西，回到家立马开始准备晚餐，清洗早上剩下的碗碟。如果说真的有什么放松的时间，大概就只有和她的上班族丈夫围坐在餐桌旁的那一点时间。

“只有晚饭的时候会觉得自己不需要服务了，所以会好好陪陪丈夫。因为晚上肯定会喝点酒，所以就算很在意时间，也会假装自己不在意，忍着。如果不缴这点‘税’，所有的事情可能都撑不住了。你说是吧?”

九点，坐在桌前准备第二天的课程。

久津见老师之前得过一些大病，胃溃疡、肾脏疾病……所以现在也肯定算不上健康。十二点要睡觉，下次再把身体搞坏了就别当老师了——这是她丈夫给她下的严格命令。

“但是想到第二天上课的东西，干干这、干干那，不知不觉就……很难和先生和平共处。一边吵架一边干。”

而让久津见老师如此孜孜不倦地投入这十分不划算的工作的，正是那许许多多的“敌人”在示意老师他们“懂了”时眼里闪烁的光芒。

— 和X先生的对话 —

正直的心

兴趣爱好 从去年十二月起，我们开始对久津见老师的班级进行跟踪采访。在此期间也和孩子们成了好朋友。进入三月，我们开始写稿，偶尔会请假不去“上学”，这种时候，如果第二天去到学校，孩子们就会一窝蜂地围过来。

“怎么昨天没来？是得风疹了吗？”

“肯定又睡过头了吧！”

“什么时候会登报呀？告诉我们吧？”大家追得那叫一个紧。

即使是现在，我们也基本还能记得孩子们的名字和他们各自的性格（除了一小部分没能分清）。刚开始采访的时候，全班四十二个人，谁是谁真的完全分不清。所以有一天，我们就去询问久津见老师每一个孩子的特征。大家猜怎么着，从性格到兴趣爱好、家庭情况，久津见老师立马就凭记忆把每个孩子的情况都报给我们听。

“A性格很温和，虽然不会很快给出反应，但总是会很认真地思考然后再提问。比如算术里的文字题，不懂的地方他会拿来问我，我给他说了一通后，他会先思考，觉得不懂的话还会再来，即使要花上一天也要把问题搞懂的那种。我觉得这个孩子这种有条不紊的心态非常可爱。B比较胆小敏感，第一个学期的课基本都是沉默的，不管问什么他都只是轻轻地摇头。最近他开始会发言了，因为算术题做得好让他获得了自信心，之后整个人就变得十分开朗。C……”

就这样，久津见老师详细地记得并讲述着每个孩子的特点，这也让我们十分惊讶，说明她实际上一直都在观察着每个孩子。

开眼　不过，久津见老师也并不是从一开始就会仔细观察孩子们的教师。

东京世田谷区的京王线千岁鸟山站旁有一块长满了杂草的空地。这里原先有一幢二层的木制建筑，区立鸟山小学。一九五三年春，刚从东京学艺大学毕业的年轻女教师村木宣子来到这里教书。她便是之后的久津见老师（日本女性结婚后会选择随夫姓）。当时的区立鸟山小学，组合活动活跃，职员会议一开就开到晚上九十点，十分热闹。

但是，当时看似属于进步派、靠谱的男老师经常酗酒，有时还会叫上附近街道里有地位的人一起喝。由此，村木开始觉得气氛有点变质，慢慢地脱离了教师的世界。

第一学期期末，村木老师下定决心要辞职。暑假期间，她悄悄参加了一家纤维公司的招聘考试。终于，录用通知来了。如果当时她就那么换了一份工作，也就不会有现在的久津见老师了。然而，在得知情况后，村木老师的母亲和舅舅极力反对，她的秘密转职计划也由此破灭了。

第二学期开学，学校里其他相互之间关系好的老师经常会在新宿一家名为“凡”的咖啡厅聚会聊天。一天，大家也是在

“凡”聚会，村木老师和一位前辈女教师U老师一边在新宿拥挤的人群中走着，一边聊起了暑假里计划转职的事。U老师“嗯嗯嗯”地听着，不经意地回应了一句：“但是孩子们还是很好的，对吧?”

“被U老师这么一说，我感觉遭到了当头一棒。那天晚上回到家，想事情想到了深夜。孩子们怎么样呢……不管怎么努力回想，对于自己教的那些孩子，好像都只能描述个大概。这个孩子是这样的、那个孩子是那样的，这种具体的印象一点也没有。搞什么嘛，所以我这是满脑子都烦恼着自己讨厌的事，完全忽视了眼前的孩子们……”

秘密　第二天早上，村木老师比以往都早地来到了学校。来到班上，有的孩子甚至拆下了教室的天花板，正试图钻进去。还有的孩子正在互相说着悄悄话：“我放了个电筒进去。”“是什么呀？什么东西呢?”她试图问道，可孩子们什么都没说。

“如果老师你能保守秘密，我们就告诉你。”过了一会儿，孩子们让步了，而村木老师也被问出来的话吓到了。原来孩子们挖开了地板，造了一间可以直接站下去那么深的“秘密地下室”。

“那时候我才产生了痛感，虽然自己在那之前也都会陪孩子们玩耍，但实际上都没有用心观察。”

听了久津见老师这样一番回想，我们去拜访了当时她班上的孩子们。

A（三十二岁），在川崎市经营一家小小的铁工所。他家有九个兄弟姐妹，他排行第七。他的父亲在他小学一年级的时候去世了，当时的生活极其贫困。下雨天的时候，他伞也没有，雨靴也没有，去学校的过程非常心酸。

“那时候，倒不是说性格什么的十分乖戾，但就是经常会干坏事。然后有一天放学后，村木老师把我留了下来，在别的教室给我量了腰围、腿长什么的。她给我买了一条裤子。快到毕业典礼的时候，她又给我买了中学的制服。”

“这件事，是老师和你之间的秘密哦。”久津见老师说。A告诉我们：“那时候的那种心情，真的是不知道如何用语言来表达。”

通过追溯到久津见老师还用村木这个姓氏时候的种种，我们似乎终于见到了她最真实的样子。在课堂里乍一看，她是一位经验丰富的教育技术专家，她的教学计划是经过精心设计的，在此基础上去激发孩子们开展自主的学习。而就是这样一位教师，她的身体里藏着的，实际上还是一颗朴素的甚至可以说得上是愚钝的心，一颗将孩子们看得无比珍贵的心。

我们和X先生说着久津见老师班上的孩子们的事，同时也再次惊讶于其实久津见老师只是一位极其普通的教师，似乎在哪里都能遇到的那种。

作为人类生存下去的武器

标语　五年级三班的教室里贴着写有这样一些标语的纸：“目标一：对人不要区别对待（不要讨厌别人）；目标二：尽全力。”当时，全国上下所有的学校、教室里都流行着这样的标语。但大多都是老师们的“自以为是”，希望仅凭言语来管理学生，结果几乎也没起到任何作用。相比于此，久津见老师班上标语的由来就有些不同了。

在久津见老师班上，孩子们自己提出要设定目标。但一开始，久津见老师反驳了回去：“真的有必要设定目标吗？”这一反驳让孩子们也迷茫了起来：“不知道。”“没有答案的时候那就不要耍酷了。就只是把话写下来、贴上，一点意义也没有，对吧？”就这样，久津见老师没有再管了。

过了一个月，孩子们再次提出：“还是有标语比较好。”于是，久津见老师让所有孩子都提意见说说应该设定什么样的标语，并从中挑选出了现在这个目标。

但就在我们跟踪采访期间，有一天一件反目标事件发生了。那天早上，在集会结束回到教室的路上，几个男孩子看到别的班的一个女生，十分夸张地躲开了她。久津见老师当时就走在大家的后面，观察到这件事后，她回到班上一脸严肃地对孩子们说了下面这番话。

升华作用　“总有些事，是人自己不管怎么努力都改变不了的，对吧？身体也是这样。别人的体形，是绝对不应该去评论的事情。有时候就算别人不说，当事人其实也一直都很在意，也一直痛苦着。A子就是这样，每天都很痛苦，却还是很坚强地来学校上课。在这种情况下还要追着嘲笑别人，就是在伤别人的心……”

面对久津见老师一脸严肃和不容置疑的批评，大家都不敢发出声音。从来没见过久津见老师这样发过火，班上的男孩子们脸都吓白了。还有几个男生，泪水正在眼眶里打着转。

“这样的事情是绝对不能容忍的。如果有人做了这样的事，就算要和对方吵起来，大家也应该上前制止。这是我们作为一个人必须具备的品质……”

说着，久津见老师开始严厉地质问起刚才她看见的那几个男生为什么要做那样的事，是自己真的想那么做吗，能换个角度想一下对方当时的心情吗……

对于这件事的责任追究也并没有止于此。久津见老师问了班上的每一个同学：“如果自己的同伴做了这样的事，自己会怎么想？”最后，大家还把自己的决心写在了纸上。前前后后，整整两个小时。

对于伤害人的事，久津见老师会完全生气，会循循善诱让孩子们知道自己为什么生气、让他们自我反省，在此基础上让他们将这份反省升华成自己作为一个人的决心。这对我们来说也十分新鲜，因为一直以来，我们看见的、听说的，都是学校试图仅通过标语来管理、惩罚学生，而学生那边也只是象征性的道歉，一切都只是走个流程。

谋反　久津见老师这位女教师，让我们思考了许多，这份感想似乎怎么写也写不完。

以日教组为代表，许许多多身处教育一线的进步教师这些年里也高举着“自主编写”的大旗，反对国家统一制定教学内容。但是，实际动起手来去创造内容并将其落实在课堂中，又是一件需要多大的付出、需要对孩子们作出多大奉献的事呢？于是，在这一困难面前，大多教师难免选择了走藏身于“一百人一起迈步前进”口号下的一条容易走的路，而久津见老师则选择了给予“并排走”论反抗的一击。

此外，对于应该自主创造的教育内容本身，久津见老师的实践也暗示了许多问题。关于生产大米的学习，X先生给出了下述评论：

“比如，关于水田这一词汇以及大米的生产量、减反政策[①]，即使教科书中有写，如果不亲眼看看水稻，也无法辨别出来，更不用说还要让不知道生产大米有多辛苦的孩子们去生产大量的大米了。不将具体事实与孕育事实的历史过程作为一个整体看待、只要在考试时能正确选出对错就能考进东大，久津见老师其实是在和这样一种学力的定义做彻底抗争。”

很明显，久津见老师想要让孩子们获得的学力，其定义远不同于单纯的信息、词汇的记忆量；而她的这样一种不同的追求，也可以说是对现代教育体制的尖锐抵抗。现代教育体制里，充斥着通过朗读教科书与参考书积累起来的假性知识，这一知识量通过分数来衡量，学生在此基础上获得学历护照。

告诉孩子们不要伤害别人的心、即使是同伴伤了别人的心也要和他战斗，让孩子们学习人类逐渐成为地球主人公的历史过程，在此基础上让孩子们理解历史发展的法则、发现人类的伟大。毫无疑问，久津见老师课堂里的每分每秒，都在让孩子们获得“作为人类生存下去的武器”。

我们刚开启体验学习的时候，教室的墙上贴着孩子们写的诗，题为《冬天在哪里》。不知什么时候开始，“冬天在哪里”变成了“找到春天了”。四月，新的学期，教室里又会贴上什么主题的诗呢？我们在内心呼喊着“加油呀，孩子们”，然后告别了久津见老师的教室。

---

① 减反的意思是减少田亩数。这是通过政府强制调控来控制水稻种植面积的政策，后来被全面废除。

— 采访笔记⑥ —

大人们也会迷上的课堂

“那位老师警戒心很强，好像很少接受报纸采访”——就在我们决定选久津见老师作为采访对象时，听说了这样一个消息。这下可好，该怎么跟她开口呢？总之先约她见个面吧！晚上，我们拨通了她家的电话号码。整通电话里，久津见老师表现得十分谨慎，最后勉强答应了见我们一面。

“等见到您之后……”就在我这样说着准备切入话题时，久津见老师立马回绝了：“见面本身是没问题的。但您要是想谈课堂采访的事，可能就不能如您所愿了。即使这样您也觉得要见的话……”

确实不好对付。看来只有到时候直接见面谈判了。一九七五年十二月初的某一天下午六点，我们按事先约定好的时间到了野川小学，久津见老师已经在那里等待了。学校里可以说是非常安静，除了久津见老师和一个后勤人员之外，一个人也没有。我们被领到了一间房间里，房间里事先开好了暖气，温度适宜。我们稍微看了看四周，注意到桌子的一角上摆着一个餐盘，上面放着茶壶、两个茶杯，还有一些简单的小点心。这样事先准备好就不用在对话过程中放任对方不管、慌慌忙忙地去准备了，或者说就是很好处理。但是她接待我们这些初次见面的记者也能像接待普通人一样，这确实让我觉得久津见老师是一位健康的生活家。

“对我个人来说，无论有什么影响，我都可以处理好，所以没关系，但是对于孩子们来说，万一造成了什么负面的影响，我就必须要承担这个责任。因为考虑到这一点，所以无论如何我都很难答应您的请求。”

随着话题深入到主题，久津见老师一直以来温和的表情也突然变得严肃起来，这让我们如坐针毡。而在那之后到第二年春天的四个月里，每一天到久津见老师的教室，我们也都能从她的一言一行里感受到她那彻彻底底的铁律——“绝对不能侵犯到孩子们”。总之，那天晚上的我们并没有完全吃到闭门羹。接下来的几天，我们向校长了解情况、向五年级三班所有学生的家长都寄了请求信，克服重重困难，终于得以进入了久津见老师的教室。

我们在教室的正中间放上了录音机，开始了正式的课堂跟踪采访。也就是从这时起，我们开始被“人类的历史”这堂课深深地吸引住了，通过课堂学到了许多之前不知道的东西。当然，因为是小学五年级的课程，所有的知识点也都是经过处理的，便于孩子们理解，但内容本身却是大人们学起来也会觉得十分有意思的学问。

我们经常想，要是所有的大人，尤其是一九三五年前出生的大人们都能上一上久津见老师的这堂课就好了。久津见老师班上很多孩子的母亲都是在教材被篡改的时代里成长起来的，而充满趣味的课堂内容似乎也通过孩子们传递到了她们那里。在我们的采访期间，孩子母亲也开始组织起了“人类的历史”学习会。据说久津见老师任教的上一所学校——东京世田谷区东大原小学里也有孩子母亲沉迷于她的课堂，搞起了“人类的历史”社团。我们常听说，老师要想从学生母亲那里获得非表面的支持，绝非易事；而能像久津见老师这样，通过课堂内容让学生家长们沉醉其中的，又是多么稀缺呢？正因为孩子们切切实实地发生了改变，母亲们才会被深深地吸引过来吧。

在久津见老师提供的特别关照下，我们得以参与了好几次家长会，和班上孩子的母亲们总共说上了七八小时的话。每一次，我们都能从孩子母亲们和久津见老师说话时不生分的用词、举止看出她们之间的亲密关系。在和这些母亲们长时间的对话中我们得知，以这样一种亲密的方式来对待老师，实际上是以对老师的绝对信赖为基础的。

千万不要堕落为奴隶!

我们从久津见老师那里学到的，并非只有“人类的历史”这堂课的内容。无论是课间还是放学后，我们都会逮住她，问上好多问题。光是将课堂的表面形式记录下来，这并不能成为课堂内容的报道。我们认为，如果不能了解久津见宣子老师的方方面面，就一定无法触碰到课堂的本质。所以，我们才试图从各个角度问出这个人的想法。这些对话笔记十分厚重，我们在本书中未能将全部内容一一呈现。其中一部分如下。

新学期开学，久津见老师对大家说了这样一番话：

“老师拼命地教你们，你们如果不懂，就是老师我的责任。

并不是你们不够聪明，而是说明老师教得不够好，这是我的想法。所以遇到这种时候，老师也会再学习一次，再来教，争取让大家都能学会。但是，如果我这边非常努力地在教你们，非常努力地准备教材，你们却还是经常往后转，就上不好课。所以说，课堂里，听课的一方怎么听也很重要。听别人说话的时候，要好好地面朝说话的一方，和老师是这样，和朋友见面说话的时候也是这样，别人在说话的时候，一定要把注意力放在对方身上认真倾听。”

老师能对着孩子们公开说“（你们学不会）是老师我的责任”，家长们也就能安心地把学习的事全部交给老师负责。我们周围其实有不少老师都会把孩子们学不好的责任推给家长。光凭这一点，久津见老师就已经是一位无论对孩子还是家长而言都算十分珍贵的教师了。

但是，既然要承担责任，那就得十分严格。连久津见老师自己也都承认，她一生起气来就会十分恐怖。

“班上不是会有声音很小的孩子嘛。那个孩子发言的时候，如果他拼命在说，大家却不听，我就会发火。比如××（班上的一位女生），发言的时候会很犹豫。我就在想，该怎么办呀，怎么办呀。这样的孩子，看见他们十分努力地举手、想要说话的时候，我就会让他们说，但是他们的声音又很小，就跟蚊子叫一样。小孩子在这种时候都很冷酷的，听不清楚就不听，不管发言的人的心情。这种时候我就会说：‘××非常努力地鼓起勇气在发言，大家都给我认真听！’所以说这种时候我也是很强势的，一点也不民主。”

我们是从第二学期末开始到久津见老师班上采访的，当时孩子们在教室里发出了一阵欢呼声，声音大到我们都吓了一跳的那种，想不到小孩子能发出那么大的声音。课间休息时间就不用说了，大家有时候在课堂上也会发出很大的喊叫声。我们跟久津见老师谈论起这个话题，她笑了起来："是吧，吓了一跳吧！"也许是因为我们已经习惯了爱媛县和栃木县那些表面上的宁静，到了这里，就不得不为孩子们的开朗、豁达而感到惊奇。

"今年这些孩子们的声量真是很高，明明人就站在面前，也都能暴起青筋喊起来。这样下去的话，我这边想说什么他们也不知道，于是我就想让大家调整一下声音。我跟大家说，大家试着把音量分成三个阶段：一是能让组里同学都听到的音量，二是让整个教室都能听到的音量（课堂上），三是呼喊操场上的同学的音量。大家都说好。

"但是，实际实施起来和想的又不一样。比如，大家中午分餐的时候也会发出呼喊操场上的同学的声音。孩子们还会说'这已经算安静了的'，反正就是完全不合。我甚至还把他们的声音录下来放给他们听，大家听了就是咯咯咯地笑，一点效果也没有。中午吃饭时间是解放的时间，聊天什么也是正常的，我也不会说让大家保持安静……但我希望的是，我要说个什么的时候，大家能马上静下来。这样行不通。所以很多孩子都把控制自己音量的事写到了目标里。"

另外一次让久津见老师生气的，是这样一件事。

"不是这个班上的事。有一次，别的班的孩子不听老师上课，把老师说过的东西忘了，还对老师说：'老师，你可以在休息时间惩罚我们。'还有孩子说：'老师你可以罚我们一周没有休息时间。'大家还马上说了'对不起'，总之就是觉得自己应该接受惩罚。这个我就很看不下去。罚值日、罚写字，这些本身就是错的，将写汉字、打扫卫生作为惩罚也是错的。当时我生了很大的气，难道不是对奴隶、对动物才会使用惩罚这种手段吗?”

温暖与冷酷

就是这样一位老师，有时候也会觉得孩子们干得漂亮——大家一起保护班上的男生小Q，有时候甚至为了他一起和高年级的学生吵架。

小Q因为小时候语言发育迟缓、行为也和普通的孩子有些不一样，被当作自闭症少年，在上学的年纪里便住进了医院。久津见老师最开始教他是在一二年级的时候，那时候他完全说不了话。但是到了五年级久津见老师再次教他的时候，他已经恢复得和其他孩子没什么区别了，只不过有时候说的东西会跑偏很多。

“不管怎么说，小Q是一个很单纯的好孩子。我觉得那孩子没待在特殊年级，而是待在他这个年纪该待的年级，这是一件特别重要的事。他自己也是因此才有了成长，并从小伙伴们那里获得很多老师和医生给不了他的东西，其他孩子也因为小Q的存在受到了很多好的影响。我觉得，孩子们的世界里同时有着温暖和冷酷，这是一件好事。只有关系好、只有互帮互助，才会让大家团结在一起，但像现在这样，比如中午分餐如果小Q想要插队，大家就会冲他喊‘你搞什么’，这样一来他也会慢慢地开始有集体的规则意识。其实很多事，是其他孩子觉得理所当然但小Q没有接受过的。遇到这种事的时候，就必须要重新给小Q说一次，让他也能明白。这样一来，大家也开始慢慢知道了，如何才能更清楚、更能让别人理解地表达一件事。”

据久津见老师说，小Q的记忆力超群，听写汉字的时候也能把字写得很漂亮，班上谁都比不过他。二年级学九九乘法表的时候，他也是记得比别人都快。这样一来，班上的同学也都对他多了一份关注。有时候，小Q明明自己已经拿了很多东西，其他孩子没注意到，还要继续拜托他“Q，拿一下这个”，他也会立马回答“好的”。大家都很喜欢小Q的这份纯真，即使是现在，他在班里也很受欢迎。

对于这样一个小Q，如果别的班的孩子说“那家伙有点奇怪”、欺负他，班上的孩子们就一定会站出来，有几次甚至还跨年级和别班的孩子大吵了一架。

“大家每次也不需要商量，一下子全都上阵的那种。小Q自己从来一点都不生气。也正因如此，其他孩子就会加倍地替他生气。这样一种情况，也说明这些孩子们的身体里其实在生长着什么吧。”久津见老师说。老师也是，孩子们也是，该生气的时候就生气，这样充满人性的一面，大概也是这个班的特色吧。

记者也当了一回临时教师

久津见老师经常说，“人类的历史”也好，炼铁、生产大米、织布……创造事物的课堂也好，都不是她一个人的专利。用她的话来说，这些教材内容和课堂想法，都是社团里的老师们“互相偷来”的。正如本书“根据孩子们的反应摸索”这小节中介绍的，久津见老师开始上现在的社会科，是从她参加教育科学研究会社会科部会开始的。以白井春男先生为中心，社会科部会里的各位现在成立了“社会科课堂创造会”这一全国性社团。大家会把各自的课堂实践成果带到社团里讨论，以进行深入研究。久津见老师也是其中的一员。据她本人说，她的很多课堂内容都是从社团里其他老师那里“偷来的”。当然，其他老师肯定也从久津见老师那里“偷走了”同样多或者说更多的内容。

通过这次采访我们才具体地了解到老师们的课程原来就是通过这样一种团队共同作业的形式不断打磨、发展起来的——A老师的成果在B老师的课堂实践中得到提升，B老师的成果又会进一步在C老师那里变得更加充实。久津见老师的大米生产课是从《游戏玩家》里提到的近藤老师他们那里学来的；反过来，近藤老师也从久津见老师那里“偷”走了“手的课堂”。

我们通过对久津见老师的采访也发现了一件重要的事。大家一般会认为，这些说到底只不过是小学生的教材……但为了制作出这些授课内容，久津见老师和她的同伴们实际上倾注了常人难以想象的精力，在其中融入了许许多多学术上的成果。以“人类的历史”为例，为了这堂课，久津见老师参考了许多文献，下面列举其中的一部分：

★ 戈登·柴尔德《文明的起源》（上、下）——岩波书店

★ 戈登·柴尔德《历史的曙光》——岩波书店

★ R.J. 福布斯《技术的历史》——岩波书店

★ 尤尔根·库琴斯基《劳动的历史》——法政大学出

版局

★ M. 伊林、E. 西格尔《人类的历史》——岩波少年文库

★ 本杰明 · 法林顿《希腊人的科学》(上、下)——岩波书店

★ 约瑟夫 · 奥古斯塔画《原色：人类的祖先》——岩崎书店

作为教师，“教什么”“怎么教”大概是最考验他们经验和能力的。我们四处拜访了一些教育专家，据他们所说，许多老师会在“怎么教”这一技术层面上不断深入研究，他们也会把这一点上的表现优劣作为研究课程的主要关注点，但一旦涉及“教什么”，大家就不是很有耐心深入。换句话说，许多老师都是“How to”派。为此，久津见老师和她的同伴们似乎为我们展示了教师这份工作另一个重要的方面——彻底地站在科学的立场上，从创造教学内容本身出发。

久津见老师曾经也是一位朴素的生活作文教师，但是她并没有单纯地用情感去“走近孩子们”，这大概也是现代有良知教师的必要条件吧。

久津见老师所做的先进尝试、充满野心地将一路深究到底的专家们的知识、体验融入课堂等，似乎也让她成了这方面的名人。这里所指的专家，是炼铁课里的刀匠，是大米生产课里的农民，是那些通过体验与生活而拥有了相关知识的人们。我们记者团里的一名成员横川，之前曾经去采访过南极观测。得知久津见老师的社会科正在教地球的历史，里面涉及造山运动，横川就和

她提起了南极大陆露岩地带里还残留着造山运动的痕迹。这一聊，横川马上就收到了久津见老师的邀请。一月中旬的一堂社会课上，横川这一采访记者变身成了临时教师，借助幻灯片光荣地和孩子们讲了一小时南极的故事。

久津见老师的社会科课程里，很多内容都参考了白井春男先生的《人类的历史》（全八册，手写稿印刷）；而白井先生的《人类的历史》则有参考《朝日新闻》记者本多胜一的报道《新几内亚高地人》。久津见老师和她的同伴们不分知识、文化的贵贱，充分地利用民间智慧去编写教材。他们的思考方式里，始终贯穿着一根芯——应该传递给孩子们的真正的知识，不是上面赐予的，而是藏在我们老百姓之中。

孩子和家长的眼睛是雪亮的

然而，久津见老师如今的课程，其诞生之路并不平坦，虽然这已经是她在上一所学校任教时的事了。她是这样记录的：

> 我自主编写教材的尝试，在整个学校里可以说是单枪匹马出发的。由于所在的学校和别处一样，管理严格，（为了不暴露我的教学内容）上课的时候都得紧紧地关起窗户。板书写了什么内容、用了什么教学道具、有没有使用教科书和历史挂图，都被监视着。校长甚至还公开表示，要特别抽查我的社会科周教学计划。社团里的同伴们要来观摩课堂，我得悄悄地把他们带进学校，就像打游击战一样。但是造成这

种情况的，管理体制严格是一方面，还有一方面是我太弱小了。我为自己的无力咬牙切齿，也决心将这份不甘转化为自己的斗志："绝对不能被这种事情击垮。"

逐渐地，学校里的状况也通过我的努力开始有了改变……在和别的老师讨论应该教孩子们些什么的过程中，愿意帮助我的同伴们越来越多，一个两个地……（《教育》杂志一九七二年二月号）

那么，又是什么让久津见老师愿意如此努力呢？她这样写道：

几年来，我之所以在教职制度的压力和对教师们严格的管制下还能坚持自主编写教材，其中家长们的赞许和支持给了我很大力量。就在面前的孩子和家长的眼睛是雪亮的，是无法糊弄过去的监督人。从这个意义上说，我通过课堂实践也确定了，教室就是我们战斗的场所。（《教育》杂志一九七二年二月号）

孩子们的证言

作为对久津见老师班上跟踪采访的收尾，我们让孩子们写了作文。作文时间是用了大家的午餐时间，非命题作文，如关于久津见老师、关于"人类的历史"这堂课等都可以，所需作文纸的数量也由孩子们自由申报。我们从久津见老师那里领来作文纸，刚说完“想要参加的过来拿纸”，许多孩子就立刻涌了过来。那时候学校里开始出现风疹病例，不少孩子都请假了。即使如此，我们最后还是收到了三十多篇作文：

久津见老师教我才一年左右，别的不是很清楚，但老师有一点让我觉得特别好，就是别的班都很快地往下上了，她却毫不在意，每处内容都是让我们全班都明白了才会接着往下。然后过了几个月，她会把所有上过的内容都给我们复习一遍。这样一来我们就能全部掌握。如果我们在课堂上向老师提出自己不懂的地方，她会马上停下来，思考我们的提问。等我们明白了之后，又重新回到刚才上课的内容。

老师好像不是很喜欢课上不发言的人，她总是会鼓励这样的同学积极发言。因为她会经常在教室里说：“只要坐在教室里，每个人就是在参与课堂，所以一定要积极发言。”

上课的时候，如果我们漏听了什么重要的内容，老师会省去其他地方，就为了让我们能真的弄懂。她说，必须得完全听懂，一直教到我们所有人都从心底里认可，这也让我们收获了自信。

我的老师特别温柔……上课的时候，她会不厌其烦地教到我们每个人都真的懂了。但是与此相对，她生气的时候也很凶，连很小的事情也会生气。严重的时候，她可以训我们一小时，就像是打雷一样地生气……我们的老师，不管是什么，都会不厌其烦地让大家都搞懂。

但是她生气的时候是真的会发很大火。对那些扔食物玩的人、欺负×的人、评价别人体形的人，她都会很生气。这种时候，她会花上好久的时间来教育我们。这样一来，五分钟的课间休息没了，二十分钟的大课间也没了快一半。有时候即使老师是对着别的同学发火，我也会觉得自己在被训，于是就告诉自己千万不能做那样的事情。可能老师真的很擅长教育我们。

……二十分钟的大课间时间，如果班上有同学没有出教室，老师就会说“快去外面玩”。不过即使如此，大家也还是不出去。然后，老师总是不在午餐时间吃饭，而是用那个时间印刷当天的《燕》（学级通信）。老师总是一天天地把当天发生的事和通知都印出来。我每次看着都觉得她很辛苦。

妈妈经常和我说：“有这么好的老师教你，如果再学不好就真的说不过去了”。六年级的时候我希望还是久津见老师教我们。

Ⅶ

无序的世界

位于东京北部的一所区立小学为重度身体障碍儿童设立了身体障碍年级。在这里，四位男、女教师每天都在艰苦奋斗着。他们面对的，是有着精神衰弱、情绪障碍与身体残障双重痛苦的八个孩子。

春日里的一天，我们拜访了这个特殊的班级。

窗边的鸟笼里关着三只鹦鹉。一进教室，一阵甜酸味扑面而来，像是刚出生的小宝宝身上会有的味道。

歪着脑袋、流着口水，拼命地用动不了的左手穿衬衫的孩子。

眼神空洞地张着嘴，呆站着的孩子。

“来，站起来！”“自己站起来试试！”

教室里回响着老师们的呼喊。

在这间教室目睹的一切，和我们之前习惯的“可以用语言沟通的世界”实在是完全不同。

孩子们的可能性为何？能力为何？人类教育人类是一种怎样的活动？面对这些根本的问题，这间教室里的老师和孩子们像是给了我们一个暗示。

在这一个系列中，我们不停地追问“何谓教育”。作为本系列的结尾，我们决定先走进这些孩子们的气味中，翻开这本启示录。

（采访时间：一九七六年三月）

一　小淳和老师　一

相信孩子的可能性并耐心等待

重担　小淳是在一九六二年的四月二十二日出生的，现在已经要十四岁了。一般情况下，这个春天他会成为中学二年级的学生，在一年后为了自己的偏差值①和内申点②烦恼，忙于准备高中升学考试。

但是，小淳的每一天都只是在学习如何跟老师暗示自己要上厕所、一个人独立吃午餐、自己穿衣服。换句话说，他每天学习的全部，就是那些作为人生存下去的、最低限度的事。

小淳是在窒息状态中来到这个世界上的。当时，医生判断他只能有两三个小时的生命，但是奇迹发生了。小小的生命之灯重新点亮。背负着重度精神衰弱这一残酷的重担，他成了人类的

---

① 一种利用标准分算法得到的与排名挂钩的数值，通常用于衡量日本升学时受检验学生的分数排位。

② 也称作“内申书”或者“调查书”。在日本，学生参加中考时需上交一封由初中学校老师提供的调查书，内容包括学生在初中的成绩和日常表现等，一般分为“知识”“技能”“思考・判断・表达”“态度”四个部分。考生本人无法知晓调查书的内容。

一员。

小淳在十二岁之前都没有离开过家。随着访问学级制度[①]的诞生，他们家也收到了教委寄来的通知书，鼓励他去上学，但都被他的母亲坚定地拒绝了。女教师K子（二十六岁）上门拜访的时候，包着尿布的小淳一直睡在床上，面庞清瘦，脸色苍白，奶瓶不离手。说话，自然也是不会的。

“这样的孩子，教育什么的就算了吧。让他吃吃喜欢吃的，活着，就足够了。”小淳的母亲说道。这位母亲曾两次想要掐死自己的孩子，想着掐死小淳后自己也自杀。但是，每次都有个什么东西拦下了她的手。自那之后，她一直藏着小淳，带着小淳生活至今。

冬天的公园　K子老师为小淳穿上了他人生中的第一双鞋子，带着他走出了家门。对于这么多年来只在家里爬来爬去的小淳来说，在外面走路这一行为本身就是异常的挑战。每周两次的训练一直持续着。半年后的一个冬日，K子老师带着小淳来到了附近的公园。在水泥台阶的第一阶上，小淳突然收起了脚。

“我让他一个人下台阶试试，他马上躲开了。紧接着，就看他呆呆地站着，紧闭着眼睛。十分钟过去了，三十分钟过去了，四十分钟过去了……因为天气很冷，整个等待的过程其实也很艰难。”

K子老师对自己说：“跟这个孩子比耐力的时候到了，绝对不能输。”于是一直等啊等。那天，她输了。但是，就在第五、第六次尝试的一天，小淳犹犹豫豫地伸出了脚。他用双手扒着台

① 即教师上门提供教学的制度。

阶，整个人全都蹲下了，但总算一个人开始下了台阶。

尿尿 小淳是去年四月开始来到这个特殊年级上学的。接替K子老师的是F老师（三十二岁）。他最先教小淳的，是让他能自己尿尿。他从小淳母亲那里问来了小淳的排尿时间，会在排尿时间点的两小时后带小淳去厕所，但总是估计不好时间。他紧紧地盯着手表，看着时间帮小淳脱下裤子，然后静静地等待，一直等待。

“这样一直等着，如果这时候尿液出来了，我都会觉得和自己尿出来一样轻松。小淳也会高兴地前后晃脑袋，感觉在说‘出来了’……”

如今，小淳已经来这里上学一年了。现在的他已经能跟老师示意“要尿尿”了。直到前两年还是一直躺在床上的他，现在会发出“哦呜呜”的声音示意，有时候甚至还会拉老师衣角，告诉老师自己要上厕所了。

F老师以前教的是普通的孩子。

“我觉得，我们做老师的，最重要的就是等。只要去教残障儿童按他们自己的方式去做，他们就一定能一点点地从不会到会。在教普通学生的时候，我会觉得能学会是理所当然的、学不会就太奇怪了。所以对于孩子们学会了什么，我并没有感到开心。但是通过教小淳，我注意到自己会为他的进步感到非常开心”。

谈不上升学，以极其缓慢的步伐前进着的小淳，为小淳每一刻的进步感到巨大喜悦的老师。他们的这样一种关系，似乎就在讲述着教育的原型。我们这样想着。

为什么人要教育儿童？

“包裹”动作 上午九点，小淳坐在妈妈的自行车后座上来到了学校。妈妈把他送到了玄关，在那里完成了跟老师的交接。“小淳，把鞋子脱了！”听到了老师的指令，他开始慢慢地动了起来。对于小淳来说，换拖鞋也是一件辛苦的事。一阶一阶地爬上二楼，从玄关到二楼的教室，前后需要五六分钟。

身体障碍年级学生每天的日程——先在教室里换上体操服、跟老师行礼、做体操、上厕所、上课（绘画、手工、体育等）、换衣服、放学。这样写下来感觉一气呵成，但实际上，小淳光是换衣服就要花上一个小时。

在去年的第一学期结束前，别说换衣服了，小淳只会呆站着。

而现在，他已经能独立地完成穿毛衣的一部分过程——用一只手绕到毛衣背面，拉下领子，把脑袋钻进去。虽然仅仅这样几个步骤就要花上好几分钟，但和两年前那个只是被当作换装玩偶的小淳相比，他已经有了很大进步，至少能按自己的想法脱下衣服了。

其他的孩子也在老师的帮助下完成了换衣服的动作。接下来，等待着大家的是把衣服折好、用包袱皮包好的动作。其他孩子勉强都能把衣服包好，但老师们直到最近都一直认为，小淳脱了衣服就放着不管了，包衣服对他来说实在很难完成。

然而有一天，F老师把包袱皮拆开摆在了小淳面前，对他说：

“小淳，试试看。”只见小淳在没有老师帮助的情况下用右手提起了包袱皮的右端向里折，然后又用右手提起了包袱皮的左端向里折，虽然整个过程很慢很慢，但他总算开始做起了“包裹”动作。

“我们最开始就断定小淳做不到，所以之前都没有让他去做。但是，他竟然会了。我们也没教他，他应该一直有观察其他小伙伴的动作。真的很令人惊讶。”

F老师此处的惊讶可能会被说，只不过就是一个“包裹”的动作，有什么好大惊小怪的。但是，对就算是小淳细微的变化也能让他感到惊喜的F老师来说，或许能为那未被置疑的、对普通学生们进行的能力评价敲响一记警钟。

怨念值 在这个系列中，我们每次都有邀请智囊顾问X先生登场，这次也不例外。我们以对小淳的采访为基础，再次请教了X先生。

关于小淳的“包裹”动作一事，我们想到的是，以成人的视角、轻易地用某个标准去评判孩子们的能力，并在此基础上断定这个孩子行、那个孩子不行，实际上是一个严重的错误。但现状又如何呢?

名为“偏差值”的妖怪正在让每个孩子都为之困扰。甚至有人说，“那已经不是‘偏差值’，而是‘怨念值’了”（二者在日语中的发音相近）。由电脑算出的那个数字，由各考试举办方像是宣告死亡般庄严送来的那冷酷的符号，在这个春天里又会有许多为其心神不宁的父亲与母亲们吧。

对此，X先生给出了如下评论：

“以阅读日语文学作品为例。本来，这应该有很多种读法。

但是，考试会设置‘请回答下面的问题’，要求答案必须是把‘あ’和‘し’连起来[①]、把‘イ’和‘カ’连起来[②]。如果是优秀的文学作品，最深刻的阅读方式就是‘语塞’、一点声音也不发出来。但是现在的教育却毫无抵抗地推行这种连线的工作。连线速度越快，这个孩子就能得到越高的数值。数值正在支配着教育。”

之上还是之下？ 虽说靠出身和贫富差距来划分不同人群的时代已经过去，但现代不还是在用钱和偏差值对人进行区分吗——另一位X先生说道。

“用那些其实并不科学却被称之为科学的方式去测量孩子们的能力，为孩子们排序，这样一来，孩子们在看别人时，只会看这个人是在我之上还是在我之下。这并不是教育。”

在这个背负着双重痛苦的特殊儿童班采访，我们体会到了之前在任何一个学校里都没有体验到的清爽感。感慨于老师们辛苦的同时，我们也在被强烈的宁静、安稳包围。

想了想，可能是因为这个班完全就和充斥着竞争、排名的社会无缘。在这里，老师们拼尽全力地探索着藏在每个孩子身体里的各种可能性，希望它们可以开花、结果，仅此而已。

“为什么人要教育儿童?”对于这个问题，世间可能会有各种各样的答案。比如，“为了让孩子们成为对社会有用的人”“为了孩子们将来能在社会上处于有利的地位”等。但是，对于这些天天和小淳“作斗争”的老师们来说，他们大概只能回答:“因为

---

① 日语中这两个符号连起来意思为“脚”。

② 日语中这两个符号连起来意思为“章鱼”。

小淳是一个人、因为小淳活着。”

但其实正是在这个答案里，藏着我们在这战后三十年里丢失的教育出发点，不是吗？

迈向能像一个人一样生存下去的社会

哀伤的大象 这是在东京一所小学里教二年级的A老师的故事。那天已经是一个完完全全的春日，温暖的阳光洒在校园的每一个角落里。学年即将结束，想着随之要和孩子们告别的A老师在国语课的时间里把孩子们带到了操场，决定让孩子们在阳光很好的花坛边阅读。空气中飘荡着风信子的香味，孩子们沿着花坛纷纷坐下。

那是战争期间的故事了。东京上野动物园，由于担心遭到空袭（动物会因此破栏而出），大家决定将动物园里的猛兽事先处置了。狮子和老虎接连被毒杀，只剩下三头大象。虽然大家给它们投喂了下了毒的马铃薯，但不知为何，大象们用长长的鼻子把马铃薯送到了嘴边，却迟迟没有张口。想着将毒液注射进去，但大象的皮肤太厚，针头的长度远远不够，没有办法，饲养员们决定饿死大象。

断食之后，最先死去的是大象John。剩下的Tonky和Wanly每天都等待着食物，每当看到饲养员的身影，它们便主动表演起来。它们大概是觉得，只要好好表演，就能得到食物。这份哀伤打动了饲养员，他们违背命令，把原先被禁止的水悄悄喂给了大象……不过，也并没有人因此追究饲养员的责任。

如今，动物园为这些动物建起了纪念碑。《可怜的大象》（土家由岐雄作）这个悲伤的故事就是以动物饲养员叔叔为孩子们讲述纪念碑由来的形式展开。读罢，战争的残酷直逼胸口。

“读到Tonky和Wanly拼命表演的时候，一抬头，孩子们眼里满是泪水。大家为了不在别的同学面前哭，一个个都努力克制着，一边强忍着眼泪，一边泪水还往下流。看到这个场景，我这边也是被感动得不知道说什么好。”

“一亿总体验” A老师一边回忆着这样的体验，一边向我们诉说着教师的意义。

“当老师就是有这样非常美妙的瞬间。这些孩子现在流的眼泪是因为我，我用自己的双手打开了孩子们的心扉……就是这种非常真实的、确切的感受。所以说，这真的是一份快乐、奢侈的工作。”

我们以A老师的感受为话题，和X先生一起讨论了教师这份工作。

“老师们每天理应拥有这样美好的瞬间，可实际情况又是如何呢？相比和孩子们相处的记忆、与孩子们说的话，更多的还是在考试时给孩子们判对错吧。”

那么，学校是从什么时候开始成为用分数给孩子们排序的场所的呢？人们通常认为，我们的社会是以脱离战后复兴期的一九五五年为一个分水岭的。在那之后，整个国家一心一意地以经济的高度增长政策为轴心，直奔繁荣时代，而教育则成了支撑这一政策的最重要支点。从那时起，学校开始对孩子们的能力进行量化，用考试对孩子们进行排名，使学校更多地成了为社会必要部门输送“合适人才”的选拔工厂。

随着经济发展，越来越多的人参与到考试竞争中，分数地狱的现象也愈演愈烈，由此产生了“一亿总体验”的事实。

所谓知识和学力，应该是和信息量、词汇量完全不同的概念。从老师那里获取信息，针对提问能够迅速地给出老师所期待的回应，回应被数值化——这并不是真正的学力。真正的学力是，孩子们在心里不断地重复具体的回答方式，这也不对、那也不对，由此不断摸索、不断接近自己的答案，在此过程中所获得的能力。而今，大家用薄薄的一张试卷作为尺子来决定孩子们的能力，试图将他们培养成“对社会有用的人才”。这样一种想法与学力可以说是毫不相关。

生存目标　然而从现实看来，高度增长时代的美梦已经圆了，其后果正在不断显现，战后体制也将被迫瓦解，但只有孩子们所处的脆弱世界，仍在面临日渐严重的危机。课后补习班的泛滥，孩子们的自杀、违法乱纪……越来越多的东西正在崩坏。

这样一种危机感，也是我们回到父亲这个身份时，在日常生活中被迫体会到的真实感受。也正是出于这样一种亲身经历的苦恼与悲伤，我们才开始奔走于各个学校的教育一线。

在此过程中，我们遇到了很多位老师。如实说，时代以繁荣为生存目标，教师们的世界也受到了相应的污染，不少教师在这样的环境下失去了自己的生存意义。我们甚至认为，成年人造成的这份伤害，也将原封不动地继续侵蚀孩子们的世界。

“不知道分数相除时为什么要将分子分母倒过来相乘，而只会迅速地根据公式得出答案。这些孩子在以东大为代表的学历体制下接受着‘好的、知道了’的被动教育。这将带来非常可怕的后果。日本文化由此将变得一团糟。”

在X先生说这番话前，我们更多地被所谓的差生以及激烈的升学竞争吸引了注意力。而现在，我们似乎预感到了一些更深层的恐怖。而这份恐怖的根源，将与孩子们未来所处的时代，该时代的文化、社会体制息息相关。

自明治时期以来，我们的国家体制就是你追我赶。在这一体制下，整个社会将竞争看作理所当然的事。而今，我们或许正迎来了转折的时机——为这样一个时代画上句号，从根源出发改变我们的社会，将其转换为一个每个人都能像人一样生存下去的时代。而对于这样一种蜕变，教育将是决定其前路的一把极其重要的钥匙——在本次采访的尾声，我们这样痛感着。

— 采访笔记⑦ —

坦白

《无序的世界》里登场的F老师叫藤枝纪祥（三十二岁）。就在我们跟踪采访小淳的某一天，藤枝老师像是开玩笑般地跟我们说：“对方是怎么看待自己的，这些孩子心里其实都很清楚。”这些孩子们能分辨出来？嗯？这些孩子？当时的我们半信半疑。但我们还是很注意，毕竟要是被自己的采访对象讨厌就糟了。

坦白说，刚开始采访这个身体障碍儿童班的时候，感受并不是很好。有一天，老师们出于善意请我们吃了学校的午餐。虽然午餐时间已经开始，但整个班的孩子们并不能像普通学生一样，说一句“我开动了”，然后就一起动勺子。有的孩子沉默着，连手都没想伸一下。有的孩子流着口水，不停地发出奇怪的声音。有的孩子无法把食物顺利地送进嘴里，总是在嘴边漏下饭菜，衣服也都因此湿答答的一片。面对这样的情形，为了让大家能自食其力，即使知道孩子们在求助，老师们也没有上前帮忙。有的孩子甚至在食物面前呆坐了整整一小时。在这里，“吃”这个动作本身成了大家成为人类必作的斗争。

对于小淳来说，如果饭菜里有他不喜欢的或者没有吃过的东西，他就不会伸手去要。如果有他喜欢的食物，他会用勺子去碰食物。但之后一直到把食物送到嘴里为止的动作，对他来说就很难了。而且就算把食物送进了嘴里，如果不喜欢，他也会马上吐出来。藤枝老师如果看到了，会立马伸出手，把小淳试图吐出来的东西重新塞进他的嘴里。虽然把手弄脏了，但藤枝老师似乎毫不在意，继续吃起自己的饭来。包括去年刚从东京学艺大学毕业的年轻女教师在内，所有的老师都若无其事地吃着饭，和教普通班没什么两样地跟学生们搭话，还吃得很香的样子。

但是，我们这些记者实在做不到。首先中午配餐的餐具本身就让人不太能有食欲——塑料碗筷、特别构造的勺子，在此基础上面对着这些孩子，如果说“没事，很好吃”，真的就有点违心了。教室里的磁带正播放着轻快的音乐，但眼前的场景实在和音乐有些不协调。不过，如果让孩子们看透我们的心理活动就糟了。

在这个班上，每天早会结束，老师就会让孩子们去一楼的游戏室玩弹珠玩具，或者让他们练习低难度跳马。我们也马上加入到了大家之中，和小淳一起玩起了弹珠玩具。弹珠滚过来的时候，小淳会伸手去抓住，但抓住了就不会再递给我们。即使我们对他说“小淳，把弹珠扔过来”，他也只是沉默，面无表情。我们可能已经被他讨厌了吧。就这样，我们一次次地把弹珠滚到小淳那边去，他都毫无表情。

小淳和班上十三岁的小M玩得很好。小M因为染色体异常患有唐氏综合征，据说心脏上还有一个小孔。医生曾经断定她只能活到十二三岁。就是这样一个小M，在学校里像姐姐一样，处处照顾着小淳。老师只要一说“小M，快去帮帮小淳”，她就会转向小淳，用指尖敲桌子、往旁边挥手来向小淳示意，帮小淳脱衣服、穿衣服、把衣服放到储物柜里。触碰小淳的身体、摸小淳，怎么看都是一副对小淳充满宠爱的样子。这些被剥夺了语言能力的孩子，他们之间的这份温暖、友爱实在不禁让人泛起微笑。“那两个孩子很合得来。”藤枝老师说道。不会说话、连表情也被剥夺了的小淳，每当面对那些真正会把目光放在他身上的人、那些亲近的人时，他似乎总能明确地分清楚。

就这样，对于身体障碍班级的采访就在这与之前完全不同的环境中、在这伴随着些许心理痛苦的体验中开始了。在这里工作的教师们，究竟为什么能露出如此积极的神情——这让我们充满了关心与好奇。

从靠老婆养活的大男子变身

藤枝老师成为教师的经历与他人有些不同。小时候的他十分讨厌学习：

“看书本上的字、把它们记住，这种事我真的是很讨厌。当时就想着怎么玩。小学刚毕业的时候，我就不想继续升初中了。因为中学里有英语课，对吧？而英语又必须要靠记，对吧？但是由于是义务教育，还是不得不去了初中。初中毕业的时候，我就下了决心要去工作。

“但据说，当时如果要找工作，就必须高中毕业，所以之后我又进了工业高中的建筑系。就在高中读书期间，周围的人又和我说，要不试着考考大学，结果，我又继续读了大学。由于一直以来都是个懒汉，进了大学我就沉迷于麻将，整个大学都在玩。大学毕业以后，进了一家光学玻璃公司，但在公司里被领导训：‘你这家伙，这个样子怎么做生意！’这句话让我倍感压力，就在这期间，我也因为腰椎间盘突出停止了工作。

“那时候，由于老婆在当老师，我就靠老婆养活自己。虽然住在教师宿舍，但我白天都会去钓鱼。鱼塘的大爷总觉得我很不可思议——正月放假时见不到人，假期一结束，我又会现身。他还问我是做什么职业的……虽然我那时候也有在宿舍里写一些卖不出去的小说。我老婆尽管嘴上会经常跟我说，玩一玩没关系的，尽情地玩吧，但也还是会给我一些脸色看。当时的我就在想，能真正地做一个被包养的小白脸还是很好的。不用工作、让女人养活自己、堂堂正正地活着……

“就这样，我过了四年多懒洋洋的‘主夫’生活。在此期间，也通过远程教育拿到了教师资格证，虽然说花了整整三年时间才通过，那时的我也已经二十七岁了。有了教师资格证，我先是去当了产假辅助员（代替休产假的正式员工），后来参加教师录用考试，两次落选，最后通过补招终于成了一名教师。其实，当时我有想过一直做个产假辅助员的。因为产假辅助只有四个月，一年如果有两次产假，我就可以只干八个月，四个月用来玩。结果被鼓励去参加教师录用考试，也不知道是运气好还是运气不好，就考上了……最开始，我是被分在了东京的高岛第三小学。五月一日接到的命令，六月、七月过了，那个夏天……

这一年的八月，这个自称懒汉的男人，发生了一些改变。由于他的妻子当时参与了社会科社团，他也跟着去参加了一次集会。而就在那次集会上，《游戏玩家》一章中提到的近藤老师也出现了。那年的集会上，近藤老师跟大家汇报了大米生产课的实践情况。汇报当时，藤枝老师正好坐在前排，顺手就帮了近藤老师一些忙，也因此和近藤老师认识了。当时的藤枝老师还对着近藤老师吐了不少槽，比如，自己学校的校长很啰嗦呀、整个年级的步调如何如何这种话。

“当时我大概叽里呱啦地说了有三小时吧。其间，近藤老师就说：‘那我问一下，你自己尝试了什么样的实践？’这样一问，我就没话说了。毕竟我什么也没做。那次之后，我就想着，要努力做点什么给近藤老师看看，免得他下次又说我……不管怎么说，我就很不甘心。”

就在那个时候，东京开始推进身体障碍儿童的全员入学制度。藤枝老师学校里也有两个学生被要求去读特殊儿童班。

“一个孩子有自闭症的倾向。另一个孩子可能是性方面的原因，会把尿尿到自己手上给别人看，吃东西吃一半会吐出来，总之就是越能恶心到别人，他越开心。我也不知道为什么，这些孩子好像特别黏我，总会‘老师老师’地叫，跟着我。可能是因为我先主动去接近了他们吧。在这个过程中，慢慢地我就开始想，那我究竟对这些孩子有多了解呢。这样一思考，就想开始搞特殊儿童教育了。而且，当时周围的老师都是对孩子一点也不了解就互相抱怨，‘（说是说全员入学）没有设施能怎么办’，我觉得这是一件很不负责任的事。因为他们这样说，就像是在说，因为周围人的错所以自己不能接这个活。因为我之前确实也想过试试看，赶上这个机会，整个人的热情都燃起来了，觉得自己不得不上了。我主动跟校长申请，于是马上就定下来了。我啊，天生就是个懒汉，如果这种燃起来了的时候不行动，就一直都不会行动的。所以，就这样开始了。”

在近藤老师的刺激下，藤枝老师的心里有一个什么东西萌芽了。就这样，它带着这位“懒汉”、这位年轻的教师，闯入了一个完全不一样的世界。

开窍

刚跟小淳开始生活的时候，藤枝老师整个人也是很惊讶的状态。

“我来的时候，以为这些孩子就只是所谓IQ很低的孩子。当知道大家其实都是有重度的智力、身体双重障碍时，突然觉得自己即将要做的事其实很伟大。一开始真的是不知道该从何下手。”

就在这时候，他和小淳相遇了。就像前文提到的，藤枝老师一遍一遍地带小淳上厕所，试图教会他自己尿尿。也是在这个过程中，他慢慢地开窍了。

“教普通班的时候，我想的是让所有的孩子都能跟上，不要有人落下。可跟这个特殊班的孩子们接触之后我才意识到，自己之前对学生其实还是没有做到位。在普通班里，不管怎么说，我说的话大家还是能听懂的。对那些没跟上的孩子，我的方法就是问一下‘明白了吗’，他们回答‘嗯，明白了’，然后我也就不再管了。明明他们很可能并没有真的明白，只是嘴上说说明白了。像这样，其实还是有很多陷阱的。我那时的做法，相当于就是把有待进一步跟进的孩子们放弃了。也是来了这里，我才意识到这一点。毕竟在这里，‘明白了’还是‘没明白’，都必须由我来判断。而当时教普通班的时候，感觉自己真的就在一直提出各种各样的要求，完全没有付出应该付出的努力。”

在藤枝老师与小淳相遇前作为访问学级老师先拜访小淳家的K子老师，也有相同的体验。K子老师真名叫岩田薰（二十六岁），结婚后从名古屋搬来东京。由于当时普通学级没有空余的岗位给她，K子老师就这样当了访问学级的任课老师。

最开始，她跟着学校校长和教导主任一起去拜访小淳家。在给小淳办“家庭入学式”的时候，校长对小淳说：“小淳，接下来要努力学习哦。”听到这句话，小淳母亲立刻就掉下了眼泪：“如果他能听懂就好了。”从那天起，薰老师和小淳的“战斗”开始了。那时候，小淳每天就睡在走廊或客厅里的地板上，手上捧着奶瓶喝卡尔必思[①]。炒饭、腌制鲑鱼、青椒炒菜，配上可尔必思，这就是小淳日常的食物。每天，小淳母亲都会准备好这三种食物，问小淳“今天吃什么”，然后从中选一种喂他。除此之外，小淳几乎不接受别的任何食物。

薰老师着手的第一件事，是让小淳放下奶瓶。“小淳不管怎么说也是有两岁宝宝的能力的，按理说不应该天天捧着奶瓶，对吧？小淳妈妈你也要一起努力才行。”

薰老师首先通过这样的鼓励让小淳妈妈也下定了决心。因为小淳已经知道可尔必思是拿来喝的，薰老师将可尔必思倒进了杯子里，向小淳演示了自己慢慢地把杯子送到嘴边喝的动作。接着，她试图让小淳自己拿着杯子。可小淳一动不动，任由杯子放在桌上。于是，薰老师又把刚才喝的动作给小淳演示了一遍。

① 日本的一种乳酸菌饮料。

虽然知道小淳在示意自己“我很想喝可尔必思，快让我喝”，可薰老师还是“狠心地”对小淳说：“不行哦，小淳。你要自己拿起杯子喝。”就这样，一遍又一遍地，杯子就在两人之间不停地移动着。就在不知道第几遍的时候，小淳终于自己拿起了杯子，咕噜咕噜地喝了一口。咕噜咕噜，然后是第二口。成功了。

“那时候真的是很开心，我和小淳妈妈两个人都要兴奋得跳起来了。我们激动地牵起了手，一起分享了那个喜悦的瞬间。我记得当时自己走在路上，看到一个人就会跟他说：‘小淳用杯子喝东西了，用杯子喝的!’”

喝水训练之后，就是前文介绍过的步行训练。在这个训练的过程中，薰老师切身体会到了“等待”的重要性，也慢慢地有了更多觉悟。对她来说，和小淳的相遇时刻，“说得夸张点，是让我的人生观发生改变的命运时刻”。

“对于普通孩子，如果老师说向右转，孩子们就算停下来想一下，也是会向右的。这样一来，老师其实很容易变得傲慢。但是对于小淳他们来说，这一套就完全不适用了。面对他们，必须要站在他们的角度想问题，并且要付出很大的努力才能释放出他们拥有的能力。这样的方法不行、那个方法也不行……像这样，要做很多尝试。而且有时候，就算一个方法刚开始看起来行得通，中途如果懈怠了，可能就又会前功尽弃。其实就像我在公园里等小淳下石阶一样，必须要等，等到孩子们自己去做。

但在普通班级里，其实很难做到这种等待。因为老师会有必须要教、必须要讲这种像使命感一样的东西。所以孩子们一停下来，老师们就会忍不住伸手帮忙。我也是遇到小淳后才觉得，孩子们有时候伸出脚又收回脚，都是让他们能走向下一步的必要环节。这种时候，老师们不要帮忙，仅仅是看着，让他们靠自己的力量前进其实是很重要的。”

薰老师以前带过的一个特殊儿童，后来去世了。

“那些孩子，都是背负着很大的劣势来到这个世界上的。即使如此，他们也必须活下去。一想到生命的短暂，我就会特别地意识到，正因他们背负着很重的负担来到这个世界，就更应该让他们体验很多……如果我之后有机会教普通班，一定会收起自己的傲慢，绝对不会说‘这个孩子不行’这种话，或者说是说不出口。因为比起那些特殊的孩子，普通班里就算是被认为不行的孩子，其实也拥有着比特殊孩子高出数倍的能力与可能性。”

检测教师的pH试纸

年轻女教师A老师，比藤枝老师和薰老师更早来到这个班。据她所说，不同老师对待孩子们的态度真的是天差地别。

“藤枝老师来之前，班上那些老师每天就喝喝茶，什么也不做。班上孩子小K因为害怕那些老师，每天都逃到附近的交通公园里玩滑滑梯，那里就像是他的避难所一样。而小K之所以会逃跑，就是因为之前那些老师一直都虐待他，把他关进‘鬼屋’、夹在门里、骑在他身上……小K逃是逃，手其实都被他们绑了起来。老师们以为凶凶小K，小K就不跑了，于是更加严厉地训他。结果小K逃的次数更多了。后来我负责带小K，觉得这样下去肯定不行，就经常去抱抱他、哄哄他，慢慢地他就不逃了。虽然大家都说让孩子撒娇不好，但在那之后小K确实不逃了。总之，那些老师就是一边伤害着孩子，一边剪剪指甲、聊聊天，在教室里混时间。”

这样说来，藤枝老师也有过为那些老师的言行感到惊讶的记忆。送别会上，一位即将离开的老师在讲话环节里说：“一直以来我都待在温室里，接下来到普通班去，希望能体会一下当教师的艰辛。”

“只有领导视察的时候，他们才会‘小○○’‘小××’地叫，装作一副对孩子们上心的样子，然后就完事了，毕竟这些孩子什么也不会说。中午吃饭的时候也是，他们会催着孩子们，让大家在二十分钟内吃完，到了时间就说‘不用吃了，带回家去吧’。这时候如果有孩子还想继续吃，他们也不让他吃，说‘行了行了，不用吃了’……每天谈论的内容也是跟孩子们完全无关，比如，哪里哪里的饭店好吃、谁谁的八卦，就像是生活走投无路才来这里当老师一样。”

如何面对这些身体残障的儿童似乎成了检测老师们的pH试纸，将他们最真实的样子展现在了大家面前。

梦想与光

藤枝老师现在悄悄地在心里下了一个决心。有一天，小淳的妈妈出于担心地说：“如果有一天藤枝老师你离开这个班了，我们小淳可怎么办?”

“您不用担心。小淳在这里上学期间我都不会离开，我会一直看着他成长的。”

藤枝老师并没有撒谎，因为他开始相信，有一天，小淳会和普通孩子一样，能开口和自己说话。在我们眼里，小淳的每一步都很缓慢，谁也不知道他的未来会是什么样子。但是，刚遇到藤枝老师时的他和现在的他确实发生了天翻地覆的变化。从当时裹着尿布、整日睡在床上的他到如今的他，其实小淳正在以惊人的速度进步着。一个人去影响另一个人，只要这样，人就会改变——如今的藤枝老师对此确信无疑。

"将来的有一天，小淳会和我说：'老师，当时还发生了那么一件事哦。'虽然不知道这一天几年后才会到来，但我深信它是一定会来的。这样一来，如今教育界的错误认知也能得到纠正。这就是我的梦想。"

相信小淳一定会有那么一天，这不就是所有教育的出发点吗？毫无疑问，当所有教师都能将这份信念作为起点，每时每刻地去引导孩子们、等待、继续引导……下定决心投入到这份需要极大心力的工作中去时，整个教育世界定将充满人类希望之光。

结束采访和告别的那天，藤枝老师笑着和我们说："不管怎么说，我都得先超过近藤老师。"我们把这句话也告诉了近藤老师，这位游戏玩家般的老师开心地笑了："说什么呢，他已经远远超过我了。"

后　记

采访结束

B子的家坐落在距离我中学学校五百米的山坡上，B子（十四岁）上吊自杀了。去年春天，我去了岐阜，拜访了她家。那天正好是她去世的第三十五天（在日本，死者去世的第三十五天人们会为其举行法事），我去的时候，她家的亲戚正聚集在店门口（她们家开了一家服装店）。向B子的母亲说完来意后，她让我们在门廊里坐了下来。就在我们问了一些问题后，一位不知是B子的姑姑还是婶婶的年长女性把这位母亲拉到了一旁，小声地说起了什么。

“你的心情我都明白，但是，小××（B子的妹妹）还得去那个学校上学，尽量不要说老师的坏话比较好。”

这位母亲侧着耳朵低头听着，低声地回答道：“但这样下去，B子不会瞑目的，我也放不下。我并不是要学校承担责任，但还是希望他们能说点什么，至少想要老师跟我说句‘对不起’。”

两个人就这样在我的旁边轻声地交谈着。从她们的对话里可以知道，B子去世以来，她的母亲每天都会一个人嘀咕着B子没写完的信，那封信里满是对老师的愤懑。

这时，B子的父亲回来了，B子的母亲和他说起了话。等了一会儿，他一边看着我的名片，一边说："孩子已经死了，说什么都是输了。就算现在要说什么，也不会有什么改变。所以您请回吧，我们什么也说不了。"

说完，他站了起来，像是还有别的事情要忙。我还是想让这位母亲把她心里所有的事都说出来——学校的事、老师们的事、自杀了的少男少女的事……我把这个想法告诉了她，耐心地等待着她的回应。终于，这位母亲开口了。她告诉我们，B子生前一直对老师们抱有极大的愤怒。

我在"在望得到学校的山丘上"（《何谓教育——光明中的黑暗》内容）里放进了这次采访的报告。当时，报道在报纸上登出没多久，我就接到了B子母亲打来的电话。看见了我的报道，她在丈夫同意的基础上向学校校长倾诉了自己的不满，但结果好像并不如人意。电话里的她似乎希望能获得我的帮助。而就在这通电话后没多久，我又接到了当时协助我采访的Q老师的电话。据说学校里正在寻找"犯人"，寻找是谁把学校的内幕，尤其是老师们对学生们的暴力管理行径说了出来。听到这个，我感到十分绝望。总之，因为我的报道，学校里发生了混乱。之后，我继续奔走于日本的各县采访，但B子母亲和Q老师的事也一直悬在我的心里。

从Q老师那里听说B子事件的后续，已经是一年后的事了。

"在那之后，学校校长和教导主任带头去了B子家慰问，和她的父母说，他们真的对这件事感到很遗憾。虽然说前前后后经历了很多波折，但总的来说还是和解了。然后大家还在那个山坡上办了悼念活动……"

我的眼前浮现起了在那个山坡上，B子将水手服的领带挂到松树树枝上的场景。诵经的声音在那里回响了吧？B子的母亲站在那里又是怎样一种心情呢？

“B子母亲之后好像也没有完全放下。但自那之后，学校里开始有了相应的举措。学校要求老师们必须要认真关注每一个孩子的状态，在课堂上要好好跟孩子们对话，因为如果不能改变孩子们，就无法抹去家长们对学校的不信任……就这样过了一年，孩子们的阴郁情绪褪去，大家开始安定了下来。家访时孩子们的母亲也都说：‘之前孩子去上学好像都蔫蔫的、没什么精神，最近开始好像整个人开心了起来。’家长们对学校的印象也改观了！”

Q老师的声音很久没这么开朗了。“哪有那么容易的事”，带着些许否定，Q老师诉说着希望。确实，嘴上说说“改变孩子”，可实际做起来又是一件多不容易的事。不过，我可以确定的一点是，这些老师开始把孩子们从“向死”之路引回了“向生”之路。

“那篇报道刚出来的时候，我们确实吓了一跳。但从长远来看，确实成了一个好的契机。如果当时B子自杀的事就那么被隐瞒过去，她去世时孩子们的阴暗状态也一直会持续下去。”

如果是这样的话，我和B子母亲的对话时间也算没有白费。这样想来，我心里的阴云多少也有些散去。

通过这次采访，我意外地让B子母亲把隐藏在心里的情绪都释放了出来。可待如今采访结束再度回想，其实全国上下又有多少位母亲和她一样，对当前的教育现状充满了不满和不信任，却又未能发声。他们未能成声的怨念、不安正在全国蔓延。这一情况在我们收到的读者来信中也有所反映。

原本，和发行报纸的一般新闻记者不同，我们这些通信社的记者并不能直接接触到读者反馈。每次都是经由刊登我们报道的报社才能了解到些许内容。但即使是这样隔靴搔痒般的形式，我们还是遇到了一些我们觉得不得不公开的读者来信。

比如，其中有一位母亲发来了这样的投稿：

> 《何谓教育——光明中的黑暗》终于完结了。用了终于这个词，是因为对于一个同时养育着高一、小学六年级两个孩子的母亲来说，其中刊登的内容完完全全就是我所经历、感受到的，这样一种不安让人觉得心情十分沉重。我一边读着报道，一边回想着自己和孩子们的对话。说实话，如果心是可以透视的话，我真的想看看现在这些沉默的孩子们，他们的心里都在想些什么……

另一位母亲据说是和她认识的其他孩子的母亲一起读了《黑暗地层》(《何谓教育——光明中的黑暗》内容)，还就其内容进行了讨论……她如下写道：

> 只有我家的孩子不会这样，大家可以肯定地说出这句话吗？对于其中一位母亲的提问，几乎所有在场的母亲都回答自己说不出口。因为我们的孩子也跟报道里的孩子有着一样的情况，对学校的不信任、和老师的摩擦、在班上落后，诸如这些能轻易摘掉弱小孩子心灵嫩芽的种种。我们作为家长因为力不从心而感到压力……“请不要把我和我的孩子放到这样的社会体制下，我们要选择自己的活法”，因为说不出

这样的话，也就说不出，“我们家的孩子不一样”……

还有母亲发来了这样的投稿：

> 我知道光凭一己之力什么也改变不了，只剩下满是焦灼的内心。读了“何谓教育”的系列报道，这个庞大的命题沉重地压在了我的心上，短时间内似乎无法与之剥离。
>
> 女中学生之死等内容，让有着和事件主人公差不多岁数的女儿的我深深地陷入了无能为力的不安。只有我有这样的感受吗？

每一封来信里，都充斥着这些母亲深切的共情。我们在想，这份超出了我们想象的深切共情是否能结晶为让教育“向生”的原动力。这或许将关乎今后教育的走向。

即便如此，通过采访，我们重新认识到的是，教师们的责任之重大。在日本的各县，我们遇到了许许多多老师，接受我们采访到深夜的、开远路把我们送回宿舍的、四处张罗为我们召集采访对象的，正是在这许许多多真诚的老师的帮助下，我们的采访工作才得以进行下来。

这些老师中，有不少都是在“正常化教育”的强化管理中退出了组合，数年后带着心伤重回校园，或是在日常和孩子们的相处过程中因为弃之而去而备受煎熬。

他们诉说的每一句话都不同于评论家们的话术，这让我们也收起了“采访机器”的面具，不再只是冰冷地收集他们的苦楚。我们和他们分享自身的经历，在此过程中，他们每一个人也逐渐褪去被采访教师的身份，回到了一个人，一个和我们共享这个时代的人。每逢这种时刻，他们和他们所处的教育世界似乎也清晰地呈现在了我们的眼前。

我们奔走于各地，发现这样能用“人类的语言”和我们进行对话的教师并不少见。这也让我们感受到了“从黑暗到光明”的希望。正如本书中所记述的种种，教师的世界里其实有很多深入土壤的障碍物，许多甚至让校园外的我们感到惊奇。每次见到这些背负着沉重的负担却仍然拼命地影响着孩子们的老师，我们都更加确信，从那个小小的校园开始，整个教育现状都会得到改变。每次分别时，我们也都想伸出手去拍拍他们的肩膀。与此同时，我们自身也受到了这些老师的激励，每一次都能因此满怀斗志地投入到下一个采访工作中。

在采访这些教师的同时，我们也采访了一些与教育并没有直接关联的对象。

在一次对某村庄中学教师的采访过程中，我们去拜访了那位教师曾经教过的一名女学生，那名女同学在中学毕业后就参加了工作。为了采访她，我们去了她工作的那间巨大的工厂。早晨七点，她从工厂的单身宿舍起床，八点二十分起坐在传送带前开始一天的零件组装工作，直到下午五点五分。我们希望通过她的生活来进一步理解农村教师、儿童在社会整体结构下的处境。此外，我们还在京滨工业地带寻访了一户从偏远山区背井离乡出来打工的人家，在工地的板房里和他们聊了一整夜的天。另一次，在和老师们的对话中，一位老师发出了这样的感慨——随着越来越多的家电厂在农村设立外包工厂，学生的母亲们也被动员去这些厂里打工，可这又会在孩子们心里留下怎样的阴影呢？这一话题也引起了我们的关注。随着大家对收入的日渐重视，将孩子关在家中、自己则专注生意的母亲、离异的母亲、人间蒸发的母亲，各种各样的因素正从外部涌入，晃动着教育的基石。

我们对这些事情充满关心，就是因为还无法彻底放下野心——希望自己能像挖土机一般，将“教育”从现代这个大土块中连根挖起。当然，仅凭我们三个如此无目的的计划肯定无法成功。但经历了这一年的各种现场采访后，我们的一些感受依旧十分强烈——教育的病根，就藏在这个试图侵蚀我们生活与意识的方方面面的社会整体结构之中。

在作为记者进行采访工作的整个过程中，我们作为人，也学到了许多。各位优秀、深受家长信赖的老师们，不仅擅长表达，表达内容也都通俗易懂。他们的描述不仅让听者身临其境，仿佛被描述的那个事物就浮现在眼前，而且还都直达本质。不管是该说他们不虚假，还是说他们务实，老师们能做到这些，都是因为他们为了能“让孩子们懂”而一直从具体事物出发来思考。我们从他们身上学到的这些对事物的思考方式、看问题的方式是一方面，另一方面就是他们的感染力，能让大家都感受到活着的快乐的那种感染力。也许是因为十分感性，就像是在心里的泪水袋里藏了许多发光的颗粒，他们总能从和孩子们的相处中感受到发自内心的、活着的快乐。用本书中经常登场的X先生的话来说，他们的快乐就是和教育死死地绑定在一起的——“如果有人想把一个婴儿嘴里含着的糖取出来，婴儿就会很干脆地咬住那个人伸进他嘴里的手指。像这么有趣的工作，哪有让别人抢去的道理。”

虽然一切都源于“人创造人”这份工作的本质，但我们还是对他们这样一种生活态度产生了强烈的共鸣，并从中感受到了改革现代的强大能量。他们的生活态度足以轻巧地比下那些只想着休假的狭隘人生观。

回到桌前，当我想要放下手中的笔时，以我们采访过的老师们为代表，许许多多人的脸庞浮现在了我的眼前。我们满腔汹涌的情绪，似乎一行、两行地，写也写不完——千言万语汇总成一句话——今后也要一起加油。这一年，我们也从一直藏在我们背后的X先生身上学到了许多。我们不想以记者的身份躲藏在“贤者意见”之后以求万事大吉。为此，在整个追问着“何谓教育”的前行过程中，我们也并没有把X先生当作“贤者”，而是让他成了与我们一同前行的同伴。在拉下幕布的此刻，我们想说，没有X先生这位黑子[①]般的幕后支持者，就难有我们整场舞台演出，也借此表达我们对他的敬意。

斋藤茂男

一九七六年六月

① 歌舞伎表演换场时搬运道具的穿着黑衣的后台工作人员。

追踪采访

— 我们还能继续谈“希望”吗？ —

“新学力观”风潮的背后

现在，学校教育已经被“新学力观”的风潮裹挟。这个“新”是相对什么而言的，其定义和由来尚且模糊，上面便已经呼吁要“舍旧谋新”，这让学校十分困惑，方寸大乱，不知所措。这就是一九九三年时的真实情况。

我在《何谓教育——光明中的黑暗》中曾谈及上述问题。文部省发起的改革与此前教育政策的方向发生了一百八十度的大转变，也难怪会引发如此混乱的局面。

> 我国的中小学教育取得了一定成果，在国际上也获得了较高评价。但另一方面，学校教育制度及其实施方式十分僵化，指导方法单一，以背诵、记忆为核心的填鸭式教育占据了主流。

这段话出自日本文部省小学课课长公布的资料《新小学教育面临的课题》（初等教育资料，一九九一年六月）。

孩子们挣扎在无穷无尽的考试里，受困于偏差值的枷锁中，每天被填鸭式地灌输碎片化的知识，比拼着记忆背诵能力，这种教学方式造成的血淋淋的后果已经摆在了世人面前。

一个典型的例子就是厌学拒学现象。文部省的学校基本调查显示，一九九二年，仅在中学生中，以“讨厌学校”为由不上学、缺勤时间达三十天以上的学生就有五万八千四百人，比上一年增加了四千人之多。也就是说，每八十六名学生中就有一名学生不愿上学，情况可谓严峻。而且，据说实际数字可能是文部省统计数据的两倍。第二个例子就是接连不断的校园霸凌恶性事件。

“迄今为止，我们的教育都是填鸭式教育。这种方式扼杀了学生的学习积极性，使学生变得厌学、拒绝上学。今后，我们必须停止灌输式教育，培养孩子自主思考、独立判断的能力。新教学指导纲要中提倡‘自主学习的意识’，必须让学生们养成靠这种意识去主动适应社会，这就是‘新学力观’。”

鉴于这些现实问题，文部省的“传声筒”——县教委的指导主事们进行了如上解释。尽管嘴上这样提倡，但在行政层面，偏差值排名体制依旧根深蒂固。这种矛盾自然使许多教师陷入了半信半疑、左右为难的困境。

举例来说——

山形县新庄市的一所中学，曾有一名学生被霸凌者裹在运动垫中窒息身亡。在新庄市所属的最上地区，政府曾本着“提高学力水平是改善贫困地区生活水平的根本途径”这一观念，将提高学生学力水平作为本地区最重要的工作任务。为此，新庄市组建了由市内中小学老师组成的“学力提高委员会”，在每年四月举行全市统一的标准学力考试，并面向小学二、四、六年级和中学二年级学生举行智力测试。

由于考试结果关系到学校和教师的评分，因此有的学校会在正式考试之前举行“业者考试”[①]，查漏补缺，以提高本校成绩。每个学校会根据正式的学力考试结果，分析学生的问题，对部分学生进行单独辅导并补考，加大作业量等，通过这些方式逼迫学生努力提高成绩。

某学校为了在标准学力考试中取得好成绩，第二学期便已经教完教科书内的所有内容，第三学期完全用来复习。还有的学校每月都会举行全校的汉字和算术考试，并将成绩做成表格，供校长和教导主任检查。和从前一样的“分数至上”现象仍然存在。此外，由中学校长会主办的学力诊断考试代替了业者考试，为报考高中提供参考。因此，基本的体制事实上没有发生任何改变。尽管如此，“新学力观”的风潮仍然吹到了这里。

小学教师A老师向我倾诉了她的困惑：

“前几天，县教委的指导主事来我们学校调研了。他们要求接下来按照‘新学力观’进行教学。他们说要重视、欣赏孩子的个性，不能将老师的想法强加给学生。若要让孩子们打好基础，讲课的时候就必须告诉他们‘这道题要这样解’‘这么做才是对的’。但他们指出，这种教学方式是不好的。可是，如果没有基础，孩子们就无法理解，进而失去学习热情和兴趣。有时候，老师一个问题讲很多遍，孩子们都不明白。更何况，每个学校都在拼命提高学力考试成绩，这是现实，无法相信教委是真的想打破

① 指由出版社等民间机构在学校组织的模拟学力考试。

分数至上的教育传统。”

其他县也同样处于这种新旧交杂的混乱状态。茨城县也会在每年四月举行全县统一的学力考试，所有学校、每一位老师都会收到本校的正确率及本校与全县平均分的对比结果。校长和教导主任会根据各班的正确率对教师的能力进行评级打分，这自然导致教师之间也产生了竞争。考试费由学生家长承担，但考试结果却成了既不对学生也不对家长公布的“机密”，也是一件怪事。另一方面，这和县教委指导主事大肆宣扬的“新学力观”之间产生了尖锐的冲突，更是加剧了教师们的不信任感。

观念论的未来

在《何谓教育——光明中的黑暗》中，我曾提及关于文部省提出“新学力观”的来龙去脉，不过，我在采访中发现，无论是一线教师，还是研究人员，他们都说不清文部省究竟是什么时候提出这一观念的，对于其具体定义、新和旧之间的关系等重点问题也是众说纷纭。

一方面要加强读、写、算这些基础知识的学习，另一方面又要尊重孩子的个性、想法和思维方式，提高自主学习能力，放弃由老师将知识灌输给孩子的填鸭式教学方法，这两者的有机统一能否实现？对于这个问题，许多人都像新庄市的A老师一样充满怀疑。

岩手大学的教育学专家驹林邦男教授指出，一九八九年三月刊登在政府公报上的新教学指导纲要中，还未出现“新学力观”

一词，过了两年，文部省方面从一九九一年春天开始，便频繁地使用起了这一概念。迄今为止，“新学力观”常常出现在校长任用考试和教师录取考试的考题中，但对于学校和老师们来说，“新学力观”一词本身虽然变得耳熟能详，但究竟“新”为何物，“新”在哪里，谁也说不清楚。

对此，驹林教授认为：“传统的学校教育，注重让学生统一掌握一样的知识和技能，但今后基于新的学力观进行教学时，要注重培养孩子们对那些基础内容的核心部分产生热情、积极性、思考能力、判断能力和表达能力等能力，让孩子们能够用自己的力量去学会基础内容的核心部分。文部省应该是这样认为的。”

但驹林教授同时指出，只是在口头上宣扬“新学力观”，而不是通过加强学校实施规范、教学指导纲要的法律约束性等从根本上打破现行的偏差值体制，是无法从根本上解决矛盾的。

“《德意志意识形态》（马克思、恩格斯著）一书的序言中有这样一段内容：有一个好汉某天忽然想到，人们之所以溺水，是因为他们被关于重力的观念困住了。如果他们从头脑中抛弃这个观念，就能够避免任何溺死的危险。为此，他奋斗了一生。学力观也是如此，想仅靠扭转观念就解决问题，不就和这个人一样吗?”教授笑道。

尽管如此，教授表示，且不论当局的意图，如果现在不能从根本上改正我们的教育方式，日本将陷入危机。我对此深有同感。

“（之所以说很危险）是因为我深切地感受到，再这样下去，年轻人的学习积极性会被彻底毁灭。”

此前，驹林教授曾在岩手县南部，以小学高年级学生和初高中生为对象进行问卷调查。

问卷的其中一个问题是“现在最大的烦恼是什么”，里面设置了十一个选项，包括在校成绩、家庭问题、自己的外貌等，让受访者们从中选择一项。在偏差值低的差校中，有25%的学生选择了“无论做什么都没有自信”这一项。

“学生到了高中，就完全丧失了自信，这种现象是非常糟糕的。考上我们大学的学生基本上都是努力的孩子，上中学时排名在学校前20%，但不少学生都缺乏阅读逻辑性文章的能力，找不到自己毕业论文的研究方向，上课时只会一个劲儿地记下老师的板书，然后在考试的时候默写在试卷上。这种现状令人惋惜。我在上课时常常会聊一些题外话，学生们却表示‘说题外话之前请先告诉我们这是题外话’，这样他们就知道不需要记笔记了。有的学生拼命修学分，上大学只是为了考教师资格。将来，成为老师的就是这样的学生。”

让这样的老师去承担起实践以培养自主学习能力为重点的新教育体制的责任，像是一种无情的讽刺，让人看不到希望。

不过，早在文部省提出这些观念以前，就曾有一群教师致力于和孩子们一起培养学习的乐趣。那就是本书中描写的那群人。

与玩家们的再会

“有一阵子没见啦！过得怎么样？”

一番町小学位于静冈市中心，电话拨通后，对面响起了近藤贞巳老师的大嗓门。近藤老师是本书《游戏玩家》一章中，为孩子们讲授“力太郎”一课的老师。

在那次采访中，我看到老师就像游戏玩家一样，自己乐在其中的同时，也让孩子们品尝到了学习的快乐。这极大地改变了我对于教育和教师的观念。我本人上学时从来没有经历过像“力太郎”那样的课堂，我的孩子们现在所在的学校当中也没有类似的教学氛围。我印象中的课堂，都是老师一手拿着课本，一手拿着粉笔或是吓人的鞭子，敲得讲桌啪啪响，一味地向学生灌输知识。因此，那节课对我造成了巨大的文化冲击。

就像本书所指出的那样，在公共教育的课堂上如此标新立异地授课，是一件非常需要勇气的事情。在教学指导纲要的绝对权威之下，教师们受缚于上命下从式的管理制度，自主权十分有限。因此，若想“像玩家一样”讲课，就必须有对教育扎实的思考，以及同束缚着自己的威权制度作斗争的决心。

但是，当我想请这位老师谈谈这些沉重的话题时，他却一笑置之：“哈哈哈，干吗老整得那么严肃，我就是想让我的课上得更有意思！”

那已经是十八年前的事了。此后，我和近藤老师曾在东京见过一次，是我约他过来的。那个时候，我在东京大学教育学部担任兼职讲师，希望通过授课让学生们尽可能地了解二战后日本教育最真实的情况。因此，我采用了“现场采访授课”的方式，邀请了一些从事一线教学工作的“证人”来到东大课堂并对他们进行采访，让学生们聆听来自一线的真实声音。当时，我就邀请了近藤老师来当我们的“证人”。

教师这个职业每天面对的都是学生，所以看似比普通上班族要轻松，其实不然。不上课的时候，教师们每天也面对着极为繁重的工作。我去静冈那天，因为近藤老师有开会等其他事务，见到他的时候天色都已经暗了。

“喂，我在这儿！这儿！”

校门旁的阴影里传来近藤老师的声音。他没有同我客套，直接请我上了他的车，也没说要带我去哪儿，仿佛我们昨日刚见过一样。他就是这样一个很容易亲近起来的人。

车刚跑了两三分钟，近藤老师突然降下了速度。

“咦，这不是某某吗?”

我看到一个在昏暗的路上骑着自行车的小个子男孩。

“怎么了?”近藤老师从车窗里问道。

近藤老师和男孩没说几句，车又开起来了。他用一种无奈又纵容的语气告诉我，自己是男孩的班主任，这个二年级学生很要强，遇到不顺心的事就一扭头不说话了，但是很喜欢算术，是个充满个性的孩子。话语间，他把车开到了附近一家汽车餐厅。

近藤老师明明是一九三六年生人，但当我再次与他面对面时，我吃惊地发现，时间仿佛在他身上静止了。他头发乌黑，身上穿着颜色鲜艳的毛衣。

“有样学样”的文部省

包括静冈市的学校在内，管理制度森严的学校中，常会出现一些在普通人看来十分可悲的情景。

在一些小学里，每个孩子的胸前和背后都贴着一块醒目的号码牌。近藤老师所在的民间教育研究社团曾极力反对，认为每个孩子都应当作为独立的个体受到尊重，而不是被一个个冷冰冰的号码取代。这个社团就是本书“同伴们”一节中《野火》的创办方。

伊东严先生和福田辰雄先生是该组织成员，两位虽然已经退休，但我听说他们参与了《野火》的制作，因此那天在去见近藤老师之前，我先到事务所拜访了两位。事务所的楼还是十八年前那副老样子，像个死气沉沉的旧仓库或工厂。

我们聊了聊号码牌的事情。

“学生指导主任一起开会的时候，如果上头要求学校必须重新评估校规，那就算前一天还是铁律的规定，第二天也会马上消失。以前，他们一直说要让男生剃寸头，留头发会增大少年犯罪的概率，但现在上头口风一变，学校马上一窝蜂地都跟着变了。我倒是想让他们解释解释，到底有多少学生因为留了头发就变成了失足少年?”

据伊东先生所言，《野火》的成员们批判的，正是这种上命下从的体制，上头说点什么，底下都点头哈腰、马上照办，完全不考虑也不讨论是否真的合理。近藤老师告诉我，号码牌的事情也是如此。市教委的某个领导在本市的一本刊物上发表了一篇质疑的文章后，一两年之内，市里几乎所有的学校都取消了这一制度。

管理主义下的严苛规训逐渐松绑，与此同时，这里也刮起了“新学力观”的风潮。但在近藤老师他们看来，这股风潮未免来得太晚。

“文部省应该是仔细研读过我们的教学实践记录吧。种大米、做面包，这些课都让他们学去了。以前，我们曾在社会课上让孩子们实践从一粒米到一千粒米的生产大米的过程，提倡‘综合课堂’‘让学生们通过各种感官去理解事物’‘必须让讲课变成乐趣’等，而文部省从四五年前开始，也说起了同样的话……”

在小学一二年级开设的生活课就是证明。据文部省所言，将“新学力观”付诸实践的具体做法之一就是开设生活课。之后将逐渐推行学校双休制、废除业者考试等。然而，早在二十年前，近藤老师他们就已经做过类似于生活课的教学实践了。

“现在，视学官[①]总是要求学校重视生活课，不要只靠黑板和粉笔来教学，多带孩子们到校外做实践，在高年级的课程中也开设类似生活课的课堂，等等，这些对我们来说都是老调重弹了。”

而像近藤这样的生活课的先行者们，依然在教学过程中不断产出新的创意。

“不要白吃饭”

在近藤老师如今任教的小学附近，有许多做静冈名茶生意的家庭。制茶工场、仓库、小店、包装纸和茶罐制造场……大家从事着各种相关工作。有一天，近藤老师在街上走着，突然想到了些什么。他这个人，总是能把突然想到的东西迅速地落实到课堂中去。

“好的，那就和孩子们一起制茶，然后一起喝茶……”

在社会科教科书里本来也有“学区探险”这样一个项目。

“首先，孩子们到了街上的茶屋和工场。‘您好，这是您家的

① 对学校教学和教职员进行监督的官员。

店吗？谢谢。’那接下来……”

位于市内的骏府公园里种植着一些茶树。注意到这点后，近藤老师立刻联系了市公园课，申请让学生们去公园里采摘茶叶。对方回应：“那麻烦您提供一下书面申请。”

“书面申请什么的，能不能不要这么麻烦呢？我们希望明天就能去公园里摘呀，真是没办法……就用这样的理由获得了对方的同意。第二天，大家就一起去公园摘茶了。”

近藤老师让孩子们把摘到的一部分茶叶带回了家。年轻父母们听说老师要让孩子们把这些新鲜茶叶制成饮用茶叶，纷纷向自己的父母、婆婆讨教起了做法，据说一时间引起了家长们的一阵骚动。第二天，孩子们一起在学校里制起了茶。首先用热水将茶叶煮上三分钟，然后在报纸上将它们晾干。晾干茶叶后将其放在烤盘上一边加热一边轻揉，大约一个小时后，茶叶就制成了。据说这是江户时代盛行的最简单的制茶法。

整个体验看似简单，但孩子们从中学到了不少东西。比如，他们在摘完茶叶后，手指都被染成了蓝色、绿色，由此大家知道了，即使是同一种茶叶，也会有许多不同的成色。比如，阳光直射面的茶叶又大又结实，但茶树下晒不到太阳的地方长出的茶叶就会十分柔软。再比如，人们给茶树披上黑色蚊帐一样的东西，是为了能采摘到柔软的茶叶、精心将其制作成类似玉露的高级茶。

还有的孩子请教了家里的老人如何制茶，让老人们也间接地参与到了整个体验中。当然，最重要的是孩子们在这个过程中活动了身体，体会到了亲手创造事物的趣味与快乐，并通过这一体验有了多种多样的新认识。这样一来，这一体验也突破了课程框架，既是社会科的课程，也是理科、算术课程。如果再让孩子们写写诗和作文，那就成了融合国语课堂在内的综合学科。

对于孩子们来说，像这样通过生活获得的知识是他们作为人生活下去所必须知道的，但在现代社会中，这样的学习机会却不断被剥夺。而且，大人们对这一现状也并没有产生危机感——近藤老师这样想着。

“我经常跟孩子们说，‘你们这些家伙，不要白吃饭，要在家里做点什么事换饭吃’。跟爷爷一起打扫院子也行，一定要去找到作为孩子的那份存在价值。虽说大家都还小，但也还是要让他们成为别人会说‘有你在真好’的那种人，毕竟每天就只是被问‘今天作业做了吗’，孩子们是不会有什么成长的。”

如果不给生活的日渐空洞化、空虚化、肤浅化刹车，孩子们就无法通过现实体验感受到知识的快乐，无法获得真正的学习带来的乐趣。这真的是一件很可怜的事——或许正是带着这样的想法，近藤老师才会跟大家说：“不要白吃饭！”这也确实很符合格外重视孩子们人权的这个人的想法。

穿着衣服跳进泳池

近藤老师过去没少受校长、教导主任们的白眼，如今却完全地获得了市民权。这大概也证明了政策制定当局对教育的看法发生了改变。

近藤老师让校长们震惊的一件事是开设了“穿衣服上的游泳课”，也就是让孩子们穿着日常的衣服、鞋子就跳进泳池。

“在水中尽量长时间地直立踩水，保持浮起的状态，如果三十秒之内让脚碰到了池底就算‘死了’，只要坚持一分钟就会有人来救你，所以一定要坚持游一分钟。说完，我就让大家跳到泳池里去了。”

和光着身子的时候不一样，穿着衣服、鞋子，整个身体都会变重，而且鞋子会限制大家的踩水动作，有的孩子一下子就踩到了水底。

“说了大家不能让脚碰到池底，否则就算‘死了’。结果一看，这个也‘死’了，那个也‘死’了。其中还有孩子跟我说：‘老师，我还没死！’我就会回他：‘不行，你刚才已经“死”了，快去“死”吧。’”

被宣判“死亡”的孩子们爬到岸上后纷纷倒在地上，拼命地扮演死去的状态。

“好的，今天有十个笨蛋死掉了。”

随后，近藤老师让大家把鞋子脱了再次下水。

“光脚后脚趾就能活动开来，大家也能更好地掌握踩水的感觉。这样一来，孩子们就能认同穿鞋和光脚下水的大不同。而我这么教是因为，游泳课并不是要让大家学会蛙泳、仰泳，在多少秒之内游完一百米就有几级这种，而是要让大家明白如何自救。怎样的姿势都行，万一发生了什么的时候，能尽量长时间地让自己浮在水上才最重要。我觉得游泳课最该教的就是这个，不是吗？”

孩子们兴奋地初次体验冒险、学习如何自救的游泳课结束了，但教师办公室里却展开了相关讨论。以校长为代表，许多老师都对近藤老师的课堂表示质疑，认为这不是真正的游泳课。

一转眼过了九年，九年后的今天又是怎样的呢？

“每年都会有新的年级开始这样上游泳课，然后这个夏天，全校的班级都开始这么干。也不知道当时阻止我这么干的那群人现在会怎么想。总之，现在的情况发生了很大的改变。”

五年级的手工课里有一个内容是让大家制作“能浮在水上的东西”。在此背景下，近藤老师给大家布置的任务是，做一个巨大的木筏。为此，他让大家四处收集轮胎皮，准备让大家做一个由轮胎皮、泡沫和木板搭成的特制木筏。到此为止，整个课堂内容看似平平无奇，所有班级都可以这么干。但没想到接下来，近藤老师真让大家嘿哟嘿哟地把木筏背到了安倍川边，准备让大家将木筏放到水里、乘木筏顺流而下。

“中途木筏也散过架，而且往下漂的时候还好，回来的时候真的是太艰难了，大家都开始抱怨了起来。但是，做这种大东西真的很有趣，而且一直以来在班上没什么存在感的孩子在那次体验中也意外地特别活跃，让大家都对他改观了。男孩子、女孩子齐心协力去做一件事……总之就是有各种各样的体验……毕竟不管怎么说，从头到尾所有的事情都需要孩子们自己去完成。”

通过这些想都想不到的体验，孩子们正在学习如何“生存”。而这一习得过程都是在近藤老师主张的“创造的快乐”中实现的。

不过，近藤老师所在的这个市里，拒绝上学的学生人数也在激增。从学生的绝对人数来看，整个市每年都在减少三十个年级的学生。在这种情况下，拒绝上学的学生人数还在持续攀升。对此，教师们给出的警告是连低年级学生的玩耍时间都在被剥夺。据《野火》编辑部的伊东老师说，中学的社团制度正在不断地侵入小学。小学生们现在放学后每天也都练习到很晚。如果脱离了社团，大家就找不到其他玩伴。而问题就在于，家长们对这种现状似乎也并没有任何违和感——孩子们在大人的监督下一起度过有规则、被管理的时光。对此，伊东老师和他的同伴们感到十分担忧，近藤老师也是。因为孩子们从早到晚不是在学校就是在放学后的补习班、体育社团里，所有的活动都被圈在了大人的管理下。

“去上补习班已经成了孩子们的生活习惯，所以他们倒也不会感到痛苦或者有抵触情绪。可是啊，就得多让孩子们玩啊。这也是为什么我班上有‘尽管玩’的制度，就是每到规定的那一天，孩子们得在公园或者学校里彻彻底底地玩一通。补习班什么的我也让他们请假。但是，孩子们慢慢地都不知道怎么玩了，不会玩一根小棒了。而我们老师又都很忙，没有时间陪他们，很痛苦。到最后，老师得引导孩子们可以这样玩、那样玩，然后大家就又变得都按着我们说的方式去做……”

说话时总是会做出各种动作模仿孩子们的“玩家”，像是有说不完的事要告诉我们。他说话的时候偶尔还会夹杂着“嘿嘿嘿嘿”“呵呵呵”的笑声，有时连他自己都会对自己的笑声感到惊奇。仔细听的话，就会发现他的脑子里装满了课堂实践记录，似乎说上一整夜也说不完。确实，如果一个老师所想的都是如何让孩子们习得最为重要的“生存能力”，那他的脑海里一定会像这样浮现出层出不穷的新智慧。

但是，近藤老师的言语其实又和那些满嘴“都是为了孩子”、试图邀功的教育者大相径庭。即使是自“力太郎”之后过了十八年的现在，他也还是那个“因为自己觉得有趣所以才会去做”的人。作为坚持认为这份乐趣的“自由”千金不换的游戏者，他潇潇洒洒地生活着。

日本的猫和亚洲的人们

照本宣科、让孩子们死记硬背、用考试来检测孩子们的记忆能力并对其进行排名——这是作为教师的最差的行为。老师一旦这样做，孩子们就不可能切身体会到学习的快乐。文部省提出的“新学力观”想要克服的，就是这样一种让学生失去学习热情的填鸭式教育。那么，与此相对的，能让孩子们眼里放光、积极参与的，又是怎样的课堂呢?

《何谓教育——黑暗中的光明》中登场的各位十八年前的老师们的课堂自然是一些代表案例，接下来要给大家介绍的一位小学老师也是备受瞩目。他的课堂总是基于具体的事物，内容独特，引人进一步理解现代社会。

他就是千叶保老师，教龄二十四年。在镰仓这个既是旅游景点又是高级住宅聚集地的一所地方小学任教。

千叶老师最近在六年级班里教的是《猫罐头》一课。我们决定根据他的记录，重现他当时从宠物猫吃的罐头直逼“现代”的场景。

课堂的最开头，千叶老师抛出了一个问题：“大家养宠物了吗?”紧接着，他又让孩子们思考，日本全国到底有多少只宠物。据说，日本共有七百一十万只宠物狗、五百三十万只宠物猫，用家庭户数四千一百万来除，相当于每5.8户人家就养了一只狗、每7.7户人家就养了一只猫。

接下来，他告诉孩子们宠物猫美容院、葬礼公司等宠物产业的市场规模达四千亿日元、全世界有六十五个国家的GNP低于四千亿日元以及索马里的GNP不及四千亿日元的三分之一。在这之后，他才带着孩子们进入了课堂的主题——宠物的食物。

猫都在吃些什么？它们吃得最多的是猫罐头等宠物食品。从全球来看，宠物食品最为普及的是美国（普及率为90%），日本的普及率虽然只有20%—30%，但从市场规模来看一直在迅猛增长——一九八〇年只有五百零五亿日元，一九九〇年已经达到了一千八百六十亿日元。

那么，猫罐头里又是些什么呢？千叶老师让孩子们进行了一番想象后，和孩子们一起去街上买回了真的罐头，大家在课堂上打开了一起看。二十多个猫罐头中，其中最多的是金枪鱼罐头，剩下就是少量的沙丁鱼罐头和一个鲑鱼罐头。

那这些猫罐头又是在哪里生产的呢？千叶老师让孩子们按生产地对猫罐头进行了分类，美国一个，日本五个，剩下的全部产自泰国。对此，孩子们都发出了惊讶的声音。为什么猫罐头都是泰国生产的呢？他让孩子们说了说自己的想法。“因为工人的工资便宜。”“因为泰国附近能捕到金枪鱼。”孩子们纷纷给出了自己的假设。就在这时，千叶老师拿出了现场调查报告，跟孩子们介绍起了菲律宾金枪鱼渔民的故事。

“报告中的这位渔民每年的四月到十月都会出海钓鱼。他会在夜里的十一点乘坐小船出港钓金枪鱼，一直钓到第二天早上。钓回来的金枪鱼每千克可以卖到二十比索（约一百日元）。其中优质的鱼会被冰冻起来，由飞机送往日本。这些空运进口的金枪鱼在日本每千克可以卖到五千日元。剩下的鱼则会被冰冻起来送往泰国制作猫罐头。随着金枪鱼数量的减少以及其价格不再上涨，他的生活苦不堪言。儿子上到小学四年级也就不再上了，跟着他开始了钓金枪鱼的生活。”

紧接着是印度尼西亚金枪鱼船员的故事。“这些船员一直都是搭乘中国台湾的延绳船（一种捕捞船）捕鱼。随着在日本ODA（政府开发援助）协助下建成的渔港成为金枪鱼基地，他们会在那里处理捕获的金枪鱼。制作刺身用的金枪鱼会由飞机送往日本，制作猫罐头的则会被送往泰国，因为印度尼西亚人不太吃金枪鱼，他们捕获的鱼大多都出口了。”

报告里，还有一位泰国猫罐头工厂的工人叙述道：“工厂共有八千人，实行白班、夜班交替制，其中正式员工只有四百人，剩下的都是像自己一样的临时工。每天早上七点到傍晚四点，大家都得一直站着工作——去除金枪鱼的鱼鳍和内脏、将白色鱼肉和血色鱼肉（金枪鱼血合肉）分装，一天的工资是一百泰铢（约五百日元），一个月大概能拿到两千四百泰铢（约一万两千日元）。装好的猫罐头会被贴上‘Hagoromo’‘全家’‘黑罐’的标签送往日本。这个工厂好像也是日本出资建成的，工人大多都是十八至二十五岁的年轻人，且女性居多。”孩子们入神地倾听着这些亚洲人的故事。

一九九〇年，日本国内流通的猫罐头数量高达五万五千三百二十吨，其中79%都来自进口，而进口罐头的96%又都来自泰国。换句话说，日本市面上的每一百个猫罐头中就有七十六个是泰国产的。就这样，千叶老师让孩子们理解了，日本猫咪们吃的罐头，都是亚洲人民在低廉的薪水下制作的金枪鱼罐头。与此同时，千叶老师也向孩子们介绍了日本人食用金枪鱼的相关历史与知识。虽然说大家是从绳文时代[①]开始食用金枪鱼的，但将金枪鱼刺身作为日常食物却是江户时代文化、文政时期才开始的。如今，在全球一百三十万吨的金枪鱼捕捞量中，日本人吃掉了其中的七十万吨。而且，随着全球金枪鱼渔场数量的增多，日本正在从全世界进口金枪鱼。

通过猫罐头这一孩子们日常生活中经常能接触到的东西来让他们具体地理解日本大量消费的社会现实，进而思考它与亚洲人的关系、资源问题——这便是千叶老师导演的猫罐头课堂的第一幕。

想让他们迷茫、让他们动摇

以“皮草”为素材让孩子们思考现代社会也是千叶老师的课堂设计。“三年前，我在电视上看到了这样一个场景：一个穿着皮草的人走在路上，结果就有人朝她扔生鸡蛋，对她喊‘可耻’。当时我就想，这个能用来上一堂课。”据说，以此为契机，千叶老师便开始收集相关视频和新闻报道。

课堂最开始，千叶老师还是给孩子们准备了一系列问题——大家想要穿皮草吗？想要穿什么样的皮草？日本从哪里进口皮草最多？据说，日本一九八四年皮草进口总额为九百三十七亿日

---

① 日本石器时代后期，约始于公元前一万两千年。“绳文时代”这一名称源于当时的人普遍使用带有绳纹样式的陶器。

元，其中七成都是皮草加工品。之后，千叶老师带着孩子们回顾了日本皮草产业的历史——从该产业的发展契机，即甲午战争、日俄战争，讲到了现代反皮草运动，课堂素材是NHK电视台制作的关于皮草时尚的视频。“制作一件皮草外套需要四五只动物的皮毛，而穿这件衣服的只有一个人”，伴随着视频解说声音的出现，屏幕中出现了一些流着血的动物皮毛，接下来是北大西洋捕杀海豹的视频。视频里也出现了喷血的动物、反捕杀集会、禁止海豹皮出口标志等内容。视频内容到这里还没有结束，千叶老师还给孩子们看了山猫、海狸、狐狸等痛苦地在人类设置的陷阱里挣扎的场面。从目前的课堂内容看来，孩子们似乎都会成为皮草反对派，但千叶老师的目的似乎并不是这个。

因为接下来，他给孩子们讲了加拿大东部魁北克州猎人们的故事——这些猎人从好几代前就开始靠设置陷阱捕猎为生，生活十分艰苦。如果禁止捕猎，他们的生计问题将受到极大影响。千叶老师给孩子们介绍了少数民族与自然共存的生活方式，猎人们认为“想要把捕猎的方法教给孩子们，继续传承下去。因为这里才是我们的家园”。此外，他还提到了猎人们甚至建立起了保卫自己生活的组织。

听到这里，孩子们的想法发生了动摇，大家陷入了沉思。而就在这时，千叶老师又抛出了问题——如果80%的皮草都来自养殖的动物，那可以允许皮草产业存在吗？还是说，依旧不要杀动物呢？这时，千叶老师给孩子们放了加拿大狐狸养殖场的视频，视频里出现了养殖的银狐被电击处理的画面。

“好了，所以你们会穿皮草吗？”千叶老师抛出了最后的问题。

你可能会想，千叶老师到底想在这堂课上教孩子们些什么呢？

“我并没有为大家准备好一个正确答案，也没有结论，大家的想法是哪一派都可以。首先，一定要有个标准答案的课堂让人很不舒服，因为孩子们虽然会感性地认为杀动物是件很残酷的事、动物们好可怜，但现实社会有时候并非只是由感性决定的。少数民族的人们为了勉强谋生，就必须猎杀动物。那么，那些为了生产皮草而被养殖的狐狸就可以杀了吗？杀它们也是一件很残酷的事。可从实际情况来看，我们也在吃着猪肉、牛肉。为此，我希望孩子们在思考这种问题时不要只是觉着残酷，而是要了解现实、自主思考、不对既有的思考方式囫囵吞枣。对常识刨根问底也好，总之就是不要止步于常识，要向前更进一步、拥有自己的想法。让孩子们掌握这样一种探求的方法，基本就是我的课堂目的了。”

千叶老师设计的很多课堂内容，让孩子们也能看清现代资本主义社会的结构。其中还有一堂课的内容就是让孩子们追寻啤酒罐、饮料罐的生产过程。在日本，四处都可以见到自动贩卖机。从数量上看，平均每十五户人家就享有一台自动贩卖机。随着这一便利机器的出现，铝罐装的啤酒和饮料的销售额也在急剧攀升。石油危机之后，日本将消耗大量电力的炼铝产业转移到了电费更便宜的海外工厂。完成精炼工序后的铝材料才会被送回国内，通过压延、加工制成罐头。那在这一系列流程背后又发生了些什么呢？以巴西为例，据报告，为了满足巨大的电力需求，他们破坏了大片亚马孙河流域的热带雨林，在那里建造了长达十九千米的巨型水坝，六百万平方千米的水泥因此被注入亚马孙河流域。受此影响，流域内六千户原住民成了难民，流水干涸的地方出现了疟疾病毒，当地人不得不从森林里搬出来——从一个用完一次就会被扔掉的罐头延伸到背后的事实，用这些具体事例让孩子们看清便利、快捷、富裕的现代生活的虚虚实实，这便是千叶老师的课堂目标。

此外，他的课堂还涉及汽车、高尔夫球场、一次性相机、不可降解垃圾——塑料托盘、核电等相关内容。这些都是现代社会中直面生产条件与生存条件矛盾的最前沿内容。我们从中似乎可以清楚地看出千叶老师的良苦用心——他希望通过这些话题引导孩子们拥有自己对事物的看法。

另一方面，千叶老师也希望通过这些素材，将社会的事实关系与其构造真实地展现给孩子们，在此基础上让孩子们感到迷茫、动摇。而他之所以这么做，就是因为抱有危机感——如今的孩子们似乎正在往相反的方向上前进着。

日本的灭亡之日

因为是古都镰仓，千叶老师班上也有不少跟着年轻父母住在祖父母豪宅里的孩子们。

也许是因为家里有一定的经济实力，班上的孩子们大多都希望升学去私立中学，而在读小学时上补习班也被大家当作理所当然。有时甚至听说，他们参加的夏季特训课程需要花费三十万日元、冬季课程还要二十万日元。

“前几天学校里安排大家去徒步，回来的时候大家都很累了。

但就在解散点，很多母亲都拿着补习班的书包来接孩子们去上课。其实让孩子们休息一天也好，不过孩子们都很乖，都想在父母面前做个好孩子，所以都继续拖着疲惫的身躯跟着去了。”

现在到处都一样，放学后的补习班已经成了孩子们生活的一部分，很难发生改变。身体、精神的疲劳随之不断增加是一方面，但还有比这更让人担心的事情也在发生着——上补习班的孩子越来越多，对孩子们来说意味着学习的场所正在不断向补习班转移。补习班的进度往往比学校快一个月，孩子们到学校上课的时候，大多都已经学过了相关的知识点，由此都带有优越感。本来大家应该是很多知识都不懂，所以到学校学习，但像现在这样，大家在学校里没干劲也是理所当然的。可随着大家逐渐把精力转移到补习班的应试知识、只顾着死记硬背，他们就失去了获得真正的智力的机会——自己去思考、探索事物原理，从这份探索的感动中获得真正的知识。

换句话说，大家正在浪费宝贵的时间与机会——误以为死记硬背考试知识点就是真正的学力，并凭借这种记忆力去争夺名次。而因为补习班会残忍地公开排名让大家展开竞争，孩子们交友时也开始只用这一尺度对他人的价值进行评判——无法流畅地朗读课文的同学就是差生，即使他们在别的方面有闪光点也没有用。大家不再认可人的多样性、不再认可不同、不再觉得所有人都一样，这其实是最令人讨厌的。

此外，大家的生活体验也在不断变得狭隘。整个集体一起彻底玩耍的机会、一起劳动的机会自然是没有的。足球什么的，都只能在既定的规则下玩耍，就像是机械地玩电视游戏一般，大家完全没有自己创造游戏的机会。“只有原则的话不知道会变成什么样”，大家不擅长这样的方式，也完全不知道该怎么办。

家庭的生活环境、生活方式大同小异，似乎都被统一了，价值观也在不断地走上规格化、标准化的道路。以前课堂提问时偶尔还会出现老师们意料之外的答案，而如今，孩子们给出的答案都是老师们事先就能猜到的——在和千叶老师谈论如今孩子们的一些表现时，知识的稀薄化、空洞化、形式化等更深层的问题也浮出了水面。

“孩子们的思考能力正在不断走下坡路，我觉得这其实是一个很严重的问题，严重到如果继续这样下去，日本这个国家甚至都有可能灭亡。最近不管是跟谁聊起，大家都说，不能把日本的将来交给这些孩子、不想交给他们。虽然其中也有很优秀的孩子。”

千叶老师想要通过展示猫罐头、皮草、垃圾和一次性相机等内容的课堂让孩子们产生思想上的动摇，都是基于上述存在的问题。这些带给人痛感，即使是和我们在《何谓教育——光明中的黑暗》《何谓教育——黑暗中的光明》中报告的十八年前的教育形势相比，这一“基于具体情况思考”的课堂如今更加成了学校教育最为重要的课题。无论上面给出的“新学力观”的定义是什么，千叶老师和他的同伴们都认为，和以往相比，他们非常明显地有了更多条件支持能像现在这样去设计、实践充满创造性的课堂。

“对于孩子们，只要我们给他们准备了有趣的内容，他们就一定会好好地跟着课堂，绝对会给出积极反应。”如果只是满嘴的“都是教育体制的错”，一旦让孩子们真的失去了学习的意愿，对教师的评价也会更加严格。

译后记

拿到日语原文是在二〇二一年的二月春节前后。历时近四个月，我完成了全书的翻译。

不知道大家的阅读感受如何？从翻译角度来说，本书算是我所翻译过的书中最“需要时间与心力”的一本。除了原文本身的晦涩，背景需要查阅相关史料，更多的是斋藤先生的文字与他所呈现的现实带来的冲击。每每完成一个章节，都需要很长的时间去消化和反思。

如今的中国在经济、政治、文化各方面都可以说是有了很大的发展，教育更是如此。“双减”、高等教育的“普及化”、教育资源分配不公的改善……我们看见国家政策层面越来越多的支持，看见科技进步为教育带来的革新，也实实在在地看见越来越多的中国学生在接受着越来越好、越来越全面的教育。

可同样站在这个时间点上，斋藤先生所呈现的这一系列时间维度上来自过去、空间维度上来自与我们隔海相邻国度的现实依然有其不可小觑的参考意义。面对着“城挤乡空”的教育格局、流动儿童和留守儿童、教育的“内卷化”等依然存在的问题，那些在日本经济高度增长背景下，在日本地图上最不容易被看见的角落里挣扎着、反抗着、战斗着的老师和学生们，似乎给了我们一些答案，也给了我们一些希望，让我们相信“黑暗”有多深邃，就会有多少“愿以自己为灯”照亮前路的信念。

斋藤先生在前言中谈及了自己的初衷，他说希望能通过种种世相去探寻何为实现了所谓的战后繁荣社会的日本资本主义，并想以此“对自己所看见的时代进行整体性的理解与把握”。那么，这本书或许对我们来说也能成为一个契机，能让我们进一步去思考、去理解当今中国所处的时代。比如作为一个“小镇做题家”出身的译者，本书让我对教育的“内卷化”有了更多的思考，为什么中国会出现“全民性”的教育焦虑，它代表了怎样的时代表情，而“内卷化”的出路又会在哪里。

希望大家喜欢这本书。

张叶秋晓

二〇二一年六月